AF431792

Les études du Docteur Armitage

6

LES ÉDITIONS DE L'ŒIL DU SPHINX
36-42 rue de la Villette
75019 PARIS, France
www.œildusphinx.com
ods@œildusphinx.com

© **2018 LES EDITIONS DE L'ŒIL DU SPHINX.**

Les Études du Dr Armitage n° 6
ISSN de la collection : 2267 — 8964
ISBN de l'édition papier : 979-10-91506 -77-9
EAN de l'édition papier : 9 791 091 506 779
Dépôt légal : Mai 2018
La photo de couverture provient de PIXABAY ©
Infographie : André Savéant

LECTURES CROISÉES D'UN IMAGINAIRE DU TEMPS
ESSAI D'ANTHROPOLOGIE HISTORIQUE COMPARÉE

Sous la direction de Georges Bertin

LES ÉDITIONS DE L'ŒIL DU SPHINX
36-42 rue de la Villette
75019 PARIS, France
www.œildusphinx.com
ods@œildusphinx.com

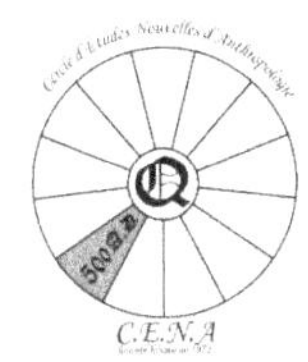

LECTURES CROISÉES D'UN IMAGINAIRE DU TEMPS
ESSAI D'ANTHROPOLOGIE HISTORIQUE COMPARÉE [1]

Sous la direction de Georges Bertin

Ceux qui connaissent le secret des sources sont avec nous dans cet exil

Saint-John Perse.

Jérôme Bosch, la Nef des fous

---

[1] Première parution de la plupart de ces textes in *Herméneutiques sociales,* N°1 1998. Edition revue et corrigée…

SOMMAIRE

INTRODUCTION

Pour une herméneutique du temps

Georges Bertin

Saül et la sorcière, Jacob Van Amsterdam, 1533.
(Sorcières et chamanes G. Bertin - 2015)

À chaque période printanière, nous posons un regard à la fois neuf et usé sur les êtres et les choses, comme surpris, aux premiers lointains qui se dessinent à nouveau dans les soirées prometteuses de mai, de nous retrouver dans une position ascendante vis-à-vis d'une lumière qui, pourtant, n'a jamais cessé de nous habiter.

« Système dynamique de symboles, d'archétypes, de schèmes qui, sous l'impulsion d'un schème, tend à se composer en récit, ou encore esquisse de rationalisation puisqu'il utilise le fil du discours dans lequel les symboles se résolvent en mots et les archétypes en idées » [2], le mythe se définit, en tant que mode de connaissance, comme modèle a posteriori (synthétique), il est alors fondé sur une opposition Réalité/Universalité.

Son étude implique celle de *« l'existence sociale dans toutes celles de ses manifestations où se fait jour la présence active du sacré »* [3].

De son côté, la connaissance scientifique, dont l'objet et la méthode sont déterminés, est fondée sur des relations objectives, vérifiables en fonction de modèles a priori, elle affirme une portée et une valeur universelles.

---

[2] Durand Gilbert, *Les structures anthropologiques de l'Imaginaire*, Paris, Dunod, 1985, p.65.

[3] Bataille Georges, *Lettres à Roger Caillois*, Folle Avoine, 1987, p.27.

L'opposition qui, depuis Platon, semblait radicale entre le monde des idées, soumis à l'intelligence et à la connaissance discursive, et celui des représentations, des images, domaine de la poésie, nous paraît devoir être aujourd'hui dépassée dans la mesure où d'abord les deux postures tendent à rationaliser la mise en forme de la réalité sociale, à la lire dans une perspective ordonnée. Elle ressort d'une théorisation fondée sur l'étude du jeu des acteurs des systèmes sociaux comme « *actants symboliques* », ou systèmes d'énergie dramatique potentielle [4].

Lorsque s'entrecroisent les acteurs de la recherche, ne contribuent-ils pas à une redéfinition de la recherche au sens étymologique du terme (aller çà et là, parcourir) résolvant du même coup l'opposition entre les trois racines du mot recherche, le KER indo-européen, lequel se décline entre les idées de courbure (*kerI*), de cerveau (connaissance) (*kerII*) et de division (*kerIII*).

Si, comme l'avait établi Michel Foucault [5], la Science a une histoire et procède par révolution d'une épistémé à une autre et s'il n'est aujourd'hui plus de critères pour juger de la validité de ces savoirs, une telle interrogation nous permet de penser la question de la rupture contemporaine ou de la crise quand resurgissent les croyances comme formes d'interrogation substitutives, y compris au sein même du secteur scientifique le plus dur.

Une lecture argumentée du mythe et de sa fonction opératoire est, sur le terrain des rationalisations a posteriori, sans doute une contribution indispensable à la constitution d'un autre statut de la cohérence et de la validité de la recherche.

1°) Le Mythe Comme Lieu De Connaissance Ou L'esprit De Courbure.

« *C'est dans le mythe*, écrivait Bataille dans son Avertissement daté au Mythe et l'Homme [6], *que l'on saisit le mieux, à vif, la collusion des postulations les plus secrètes, les plus virulentes du psychisme individuel et des pressions les plus impératives et les plus troublantes de l'existence sociale. Il n'en faut pas plus pour lui accorder une place éminente et pour inciter à ordonner par rapport à lui quelques-uns de ces problèmes essentiels qui touchent à la fois au monde de la connaissance et à celui de l'action* ».

On retrouve là l'opinion émise par Claude Lévi-Strauss refusant de diviser la difficulté posée par l'étude des mythes, de jamais accepter de réponse partielle, d'aspirer à des explications englobant la totalité des phénomènes. Et de prôner, pour comprendre la pensée mythique, la confrontation avec les problèmes qui se posent sur d'autres plans (cosmologique, physique, moral, juridique, social), d'en rendre compte tous ensemble, en raison de la similitude qu'offrent entre eux tous ces problèmes.

La pensée mythique fait alors de ces procédés un usage si habile et systématique qu'il tient lieu de démonstration [7].

Le mythe est le lieu des correspondances, il nous oblige à « **penser courbe** », c'est à dire qu'en même temps qu'il nous renvoie à un temps primordial, à une histoire du Temps ou Hommes et animaux n'étaient pas encore distincts, il rend compte

---

[4] Durand Yves, *L'exploration de l'Imaginaire*, L'Oiseau Bleu, Paris,

[5] Foucault Michel, *Les Mots et les Choses*, Paris, Gallimard, 1972.

[6] Bataille G. *Avertissement daté au Mythe et l'Homme*, Paris, Juin 1937.

[7] Lévi-Strauss *De près et de loin*, Paris, Minuit, 1991. p.133.

d'une réalité sociale à la fois diverse (selon les cultures et leurs localisations) et une (dans l'ordre du temps et de ses révélations). Sa visée référentielle n'étant déterminée ni explicitement ni implicitement, il est essentiellement multiple et sa signification demeure potentielle, plurielle, synthétique [8].

De ce fait, il a toujours joué, comme modalité de connaissance construite a posteriori, un rôle fondamental dans l'évolution personnelle, interpersonnelle, interprofessionnelle et sociale des individus. Il participe de la construction du sujet [9] comme langage, comme signifiant, comme médiateur [10]. Entre le Tout et la partie, il accomplit une fonction de maturation, actualisant la relation humaine dans le groupe social où chacun est pour autrui facteur de médiation, d'élaboration.

L'existence des mythes est attestée dans toutes les sociétés, et tous les membres des collectivités y adhérent, car ils jouent véritablement un rôle éducatif que nous pouvons énoncer dans trois dimensions :

— **comme modalité de connaissance :** fondateurs de la mémoire collective, ils réactualisent le récit des origines du corps social notamment aux moments cruciaux de l'initiation. Comme la fête dont ils sont les complices, ils sont la *matrice* de l'Imaginaire social.

De ce fait les figures épistémologiques régissant leur production, leur expression, sont caractérisées par l'implication des acteurs (d'où l'aspect opératoire des rites de passage), leur ouverture au sens puisqu'ils répondent aux questions que se posent les individus sur la constitution de la société, les interdits, les valeurs, le pouvoir, les classes ou catégories sociales, etc..

Ainsi les récits véritablement initiatiques que sont les Romans de la Table Ronde jouent aux 12e-13e siècles occidentaux une fonction pédagogique. Quand ils racontent à leurs contemporains l'histoire mythique de Lancelot du Lac et de ses compagnons, ils parlent à chacun de son rapport à la Mère (la reine Hélène et la Fée du Lac), à la réalité sociale (la cour d'Arthur), décrivent les étapes de l'individuation du personnage (épisode Galehaut, séduction de Guenièvre), insistent lourdement sur ses ambiguïtés (passages de l'eau, courtoisies multiples), ils entretiennent une sorte de béance du sens, d'opacité, laquelle reste le propre de la nature humaine. C'est sans doute ce qui nous rend aujourd'hui encore ces héros si proches, si familiers. Les récits arthuriens sont une véritable matrice de toute notre littérature romanesque et de nombre de nos représentations sociales.

En émerge la figure gémelle du prêtre-roi, héros polyfonctionnel, (Lancelot est aussi aux Marches du Maine l'ermite saint Fraimbault [11]), qui actualise la fonction universelle du mythe, le rend à jamais opératoire dans toutes les sociétés et sous toutes les latitudes. Il n'a pas cessé de nous parler de nous-mêmes.

— **lorsque l'on interroge les langages** qui actualisent le mythe, nous le rendent présent, soit le mettent en « *représentation* », nous nous trouvons devant l'accumulation de matériaux très importants, marqués à la fois par la diversité et l'unicité : diversité des situations,

---

[8] Borela Jean, *Le Mystère du Signe*, Paris, Maisonneuve et Larose, 1989, p.224.

[9] Bertin G. « La lecture commentée du mythe pour une intelligence du parcours éducatif du suje t». in *L'Année de la Recherche en Sciences de l'Éducation*, Paris, PUF, 1994.

[10] Ardoino J. *Propos actuels sur l'Éducation*, Paris, Gauthier Villars, 1978, p.80-82.

[11] Bertin Georges, *Guide des Chevaliers de la Table Ronde en Normandie*, Condé sur Noireau, Ed. C. Corlet, 1991. *La Quête du saint Graal et l'Imaginaire*, Corlet, 1998.

des figures dont sont porteurs récits, contes, et fables. Transmis de génération en génération et de bouche à oreille, ces corpus voués à l'oubli sont l'objet d'une recréation constante, comme si les composantes les plus archaïques de l'Imaginaire entraient en correspondance avec les possibilités créatives les plus actuelles de l'esprit humain.

Nous sommes opposés à une grille enfermante, close, des possibilités de l'imagination qui hiérarchiseraient les acquis en les répartissant entre les différentes phases du développement cervical [12] et ceci sans toutefois nier les apports très intéressants d'Henri Laborit revisitant les mécanismes sociaux au regard de leurs déterminants.

— les mythes **codifient l'organisation sociale** et doivent être étudiés dans leur intégralité tant le jeu social les met en œuvre [13], mais ils participent également, du fait même des répertoires sémantiques qui les constituent, des modalités de son recueil, nécessairement qualitatifs, d'une anthropographie fondamentale.

Ces modalités les soumettent inévitablement à un traitement qui échappe aux lois de l'univocité. Liés aux contextes qui les voient émerger et réémerger, ils sont polymorphes et sujets à interprétation, à confrontation.

Ainsi, pour reprendre notre exemple, nous voyons le mythe de Lancelot continuer d'habiter nos imaginaires dans diverses figures : géant avec les figures rabelaisiennes, lesquelles s'en réclament d'ailleurs explicitement, triste avec Don Quichotte de la Manche, dramatique avec le Jean Valjean des *Misérables* d'Hugo, « rock » avec la *Nuit du Motard* de Florence Trystram... etc. drolatique avec les exploits du héros de bandes dessinées Lucky Luke, pour ne considérer que quelques exemples de la littérature d'inspiration populaire.

Ce travail de transmission du récit mythique est facilité, d'une société à l'autre, comme il l'était autrefois d'une génération à l'autre, du fait du domaine même où il s'exerce, et qui reste marqué par l'équivoque, le latent, le sous-jacent. Tout se passe comme si le Mythe ne tirait son efficacité que du fait qu'il opère au sein d'une multiplicité de récits, d'une diversité sans fin de structures anthropologiques, « *sembla-bles aux langues multiples d'un sacré flottant* » [14].

Ceci ne doit d'ailleurs pas nous faire oublier que les mythes, comme l'ont bien montré Gilbert Durand et Michel Maffesoli, entrent en lutte les uns avec les autres sans jamais parvenir à s'éliminer totalement, que les tentatives de récupération dont ils sont l'objet ne sont jamais exclues.

L'on voit très bien ainsi l'évolution que subissent les personnages de la Table Ronde, depuis leur émergence primitive liée aux terroirs celtiques et aux traditions populaires [15] jusqu'aux formes très sublimées induites par les cisterciens dans les récits en prose du 13ᵉ siècle jusqu'au romantisme wagnérien et aux surréalistes pour n'en rester que là. C'est dire l'actualité sociale et culturelle de ces formes.

---

[12] Laborit H. *La Nouvelle Grille*. coll. Libertés 2000, Paris, Paris, R Laffont, 1974. et *L'Homme Imaginant*, Paris, UGE 1990.

[13] Smith P in « *l'Unicité anthroposociologique* ». *Colloque de Royaumont. L'Unité de l'Homme*, Paris, Le Seuil, 1974, t.3, p248.

[14] Ricoeur P. *Le Conflit des Interprétations*, Paris, Le Seuil, 1978.

[15] cf la thèse dite de l'enracinement folklorique de la Légende Arthurienne que nous avons largement contribué à soutenir depuis vingt ans avec René Bansard et Jean-Charles Payen in Collectifs: *La Légende Arthurienne et la Normandie*, dir J. C. Payen, Corlet, 1984. *et Les Romans de la Table Ronde, La Normandie et au delà...* dir. M Pastoureau, Corlet, 1987. voire aussi Bertin G. Gaignebet Cl. et L. Roure A. *Promenades en Normandie avec Lancelot du Lac*, Corlet, 1992.

2) la posture scientiste ou la division instituée.

À l'âge archaïque de la Grèce Antique, *Mythos* et *Logos* ne s'opposent pas. Ainsi, Hésiode nous dépeint, en les présentant dans les figures divines, les principes qui président à l'éclosion de toute vie sociale. Pourtant, *Logos* va vite se séparer de *Mythos* devenu, après Homére, parole illusoire, fable, légende, dont la fonction est surtout de créer l'illusion.

Platon, dans les Lois, dénoncera le mode aural d'une éducation et d'une culture poétique liées à l'expression des sentiments dont il veut être le réformateur exigeant [16]. Opposé aux effets incantatoires de la mythologie d'Homère, qui, dit-il, exerce son charme avec ses rythmes et ses fictions, il opte alors pour le *Logos,* synonyme de discours bien réglé, discipliné pour la conquête de la vérité, obéissant à des lois de mesure, de comptage.

La **fonction de coupure**, de division, de réduction à l'unité simple des éléments (analyse) prend le pas sur celle de courbure, de mise en relation d'univers en correspondances. On fera désormais l'économie des Images (ombres et fantômes) puisque le genre visible se divise en vrai et en faux.

Sur l'axe de la Connaissance, orienté de l'Ombre à la Lumière, on passera, dans le sens du progrès, des reflets aux idées, du monde invisible au monde visible, des conjectures aux formes intelligibles. La dialectique partant d'hypothèses tend à atteindre le principe en opérant sur des objets purs sans jamais se servir d'images. « Plus les objets participent de la vérité, estime Platon, plus ils ont de clarté » [17].

La recherche scientifique est dès lors adonnée à la Connaissance de la Vérité. Elle concerne la résolution de problèmes particuliers. Ce qui peut être vrai doit être vérifié.

La pensée philosophique classique de l'Occident héritera de ces positions et contribuera à définir la Science comme « *un ensemble de connaissances et de recherches ayant un degré suffisant d'unité, de généralité, et susceptible d'amener les hommes qui s'y consacrent à des conclusions concordantes qui ne résultent ni des conventions arbitraires, ni de goûts ou intérêts individuels qui leur sont communs, mais de relations objectives qu'on découvre graduellement et que l'on confirme par des méthodes de vérification définies* » [18].

La vérité est un principe certain qui ne saurait être mis en doute parce qu'il se fonde sur une conformité indiscutable entre la connaissance du sujet et la réalité de l'objet connu.

La raison s'y déploie dans l'univocité des mesures et des définitions, les langages employés pour ce faire restant disponibles car suffisamment clos pour n'être point soumis à l'altération permanente. Le support écrit est donc privilégié. Le réel sera, dès lors, étudié à travers l'usage de l'a priori, les paradigmes étant datés.

Les opérations en sont connues, elles se fondent sur des savoirs sanctionnés par la cité scientifique, l'adoption d'un fait étant de plus en plus long à être approuvé surtout lorsqu'il dérange les normes en cours. La sanction en est soumise à la communauté scientifique garante de l'objectivité et acharnée à assurer la longévité des théories construites sur des a priori et sanctionnant des réalités estimées préexistantes.

---

[16] Detienne M. *L'Invention de la Mythologie*, Paris, Gallimard/Idées, 1981, p.51.

[17] Platon, *La République*, VI, 509 d, Paris, Guillaume Budé, t.2 1933, p.140.

[18] Lalande *Vocabulaire de la Philosophie*, Paris, PUF, 1976.

Dès lors, comme le souligne Jacques Ardoino [19], toute théorie scientifique apparaît comme une axiomatique et le principe de sa validité reste sanctionné par des codes bien établis, institués. Il est aussi celui de son enfermement.

Ainsi, ceux qui pensent que leur théorie est vraie confondant leur discours sur le réel et le réel lui-même, le prennent comme caution de la vérité de leurs énoncés. Ils font appel à la communauté des experts de l'époque, dans la matière qui les concerne et en l'état des outils de la recherche, mais ne sont pas moins victimes de leurs fantasmes de vérité. Ils n'obtiennent en fait qu'une caution sociale et historique, vérité falsifiable à compléter, à comparer et coordonner aux acquis déjà réalisés. Pour ceux-là « *le fantôme du réel joue le même rôle que l'être suprême* » [20].

L'excès de formalisme se fait au détriment du sens et de la création véritable, il est fruit d'une rupture plus que produit d'une combinatoire.

L'institution de modèles totalitaires régit un discours qui se nourrit dès lors de gloses, de comptes-rendus, d'archives. Les supports formels envahissent de plus en plus l'espace de la recherche au détriment du débat et de la confrontation directe. Témoin le rôle désormais incontournable des technosciences dans nos sociétés postmodernes condamnées à coudre ensemble archaïsme et technologies d'avant-garde comme l'a établi Michel Maffesoli.

Elle montre à quel point les modèles spatiaux sont prépondérants quand il s'agit de quantifier les données, de procéder à des expérimentations, forcément coupées du laboratoire du vivant, scotomisant la réalité, postulant la transparence absolue de situations projetées à plat dans l'espace de la mesure.

On procède par découpage et les modèles à l'œuvre sont ceux de la conquête de la nature. Nous sommes ici sur l'autre versant du mythe, quand Lancelot du Lac, le héros aux armes étincelantes, terrasse le dragon des ténèbres, vainqueur d'une nature toujours suspecte, et force les places fortes de l'irrationnel. Les Chevaleries terrestres l'emportent, certes, mais pour combien de temps ?

Jean-Jacques Wunenburger a montré le triomphe de ce modèle emprisonné dans le linéaire, asservi aux méthodes de l'abstraction, à la métrique, au légalisme. C'est la victoire sur l'homme arraché à la métaphysique, à la morale, à la religion en remplaçant les opinions subjectives par des lois. La raison rationaliste triomphe tandis que son objet est de plus en plus vidé de sens, transparent et univoque [21].

La victoire de la force qui tranche et discrimine signe sans doute aussi la mort du sujet.

Le héros solaire voué à l'ascension a affirmé sa domination. Le temps des Enfances est passé, voici venu celui des grands exploits. Nous savons depuis Don Quichotte que l'illusion de cette victoire nous avait fait prendre les ailes de moulins tournant à tout vent pour des monstres gigantesques.

Il n'en reste pas moins que des générations d'éducateurs aimant seule la raison (mais quelle raison ?) et n'empruntant que d'elle seule et lustre et prix ont imposé ce modèle en visant à l'homogénéité des pratiques au nom d'une transparence fictive.

---

[19] Ardoino J. op. cit.

[20] Le Du J. « Notre rapport à la Vérité », in *Approches*, N° 78, 1993, p.81.

[21] Wunenburger J.J. « Pour une subversion épistémologique », in *La Galaxie de l'Imaginaire*, Paris, Berg, 1980.

Nous ne pouvons que prendre parti, avec Gilbert Durand, pour ce refus d'une pédagogie du scientisme [22] dont il a bien montré ce qu'elle devait à l'héritage de Descartes, à un Freudisme confondant Imaginal et Imaginaire, le réduisant à la sublimation des pulsions, et à l'évolutionnisme historique [23] lequel est ordonné au Mythe d'un Progrès fermé sur l'unidimensionnalité de l'Histoire [24].

La science reste toujours provisoire, reflet de nos connaissances à un moment donné, relative à un état donné de la Culture, et à une conception donnée du Monde [25] et ces conceptions donnent au statut de vérité scientifique un caractère relatif. Aujourd'hui, avec Gödel, on peut estimer qu'il existe des énoncés vrais, des propositions vraies, mais indémontrables et qu'aucune théorie ne peut apporter par elle-même la preuve de sa propre consistance. « *Quelque chose échappe* » qui pose de manière aiguë la question du fondement et du sens [26], « *trou d'incomplétude* » qui symbolise la contingence de l'homme devant la complexité de la nature.

3) la recherche ou l'errance instituante

Pourtant l'articulation paradoxale des deux approches est sans doute possible, et le jour vient où « *l'homme pourrait se réconcilier avec lui-même, réunir dans une grande gerbe la puissance de sa raison et la profondeur de son âme, tendre à une harmonie de ses différentes fonctions* » [27], où la clarté viendra non de la simplification, mais de la prise en compte de descriptions antagonistes.

Ainsi la dynamique même présente à l'intérieur du mythe permet à ses récepteurs de faire en eux l'expérience de l'altérité. Lieux nomades, les mythes accomplissent une fonction très opératoire de mise en évidence des liens sans cesse actualisés entre Réel et Imaginaire. Ils nous éduquent à assumer la complexité des situations de la vie sociale.

De ce fait, les formes sociales qu'ils revêtent et qui transitent nécessairement peu ou prou par l'initiation, sont dépendantes des communautés qui les font vivre, s'expriment sur le mode du singulier et se réfèrent à la temporalité de leur actualisation. Les milieux les plus hétérogènes peuvent les recevoir.

Soit penser la voie d'une interprétation créatrice qui respecte l'énigme originelle des symboles et se laisse enseigner par elle, mais qui, à partir de là, promeuve le sens, le forme, dans la pleine responsabilité d'une pensée autonome, à la fois liée et libre, c'est prendre parti pour le mouvement.

Si la pensée mythique a pu, longtemps, sembler inaccessible, voire dangereuse, et a été prohibée par les usagers d'une rationalité scientiste étriquée, c'est sans doute à cause du caractère hybride du mythe, de sa fonction de mélange entre sens et forme [28]. Pourtant de nombreux scientifiques n'hésitent pas à nous mettre en garde contre les folies de la raison, contre les illusions de l'évidence.

[22] Durand Gilbert *La Foi du Cordonnier*, Paris, Denoël, 1984, p.37.

[23] Durand Gilbert, ibidem p.38.

[24] Durand Gilbert, *Beaux Arts et Archétypes*, Paris, 1989.

[25] Cazenave Jean, *La Science et l'Âme du Monde*, Paris, Imago, 1983, p.35.

[26] Magnin Thierry, *Entre science et religion*, Paris, éd. du Rocher, 1998.

[27] ibidem p.11.

[28] Barthes Roland, *Mythologies*, Paris, le Seuil, 1957.

Pour Henri Laborit [29], quand une action devient évidente, c'est le moment de commencer à se méfier de son approximation, voire de son exactitude ; « *la science, dit-il, n'est qu'approximation progressive, et les certitudes définitives ne sont que l'expression de l'ignorance* ».

Il ne s'agit certes pas de décrire le retour du Mythe comme celui de suggestions collectives de sinistre mémoire et dont les fantômes ne demandent d'ailleurs qu'à ressurgir, mais bien plutôt de constituer une pédagogie instaurative, fondée sur une herméneutique.

Celle-ci est à la fois :

— **instituante**, en fixant les mythes dans une tradition, un terroir, un topos particulier, ce qui entraîne une limitation de leur sens,

— **spéculative** dans la mesure où le Mythe doit rester intelligible aux groupes sociaux concernés, puisqu'il permet de poser à son sujet la question de l'être, il est facteur de communication et Marcel Mauss nous enseignait jadis qu'on ne peut communier et communiquer entre hommes que par symboles [30].

— **intégrative**, car il ne devient efficace qu'intégré à soi-même et nous amène à édifier notre corps spirituel en même temps que nous l'accomplissons selon sa vérité profonde. L'herméneutique l'actualise comme il nous actualise [31].

Nous sommes de ce point de vue tout à fait maffesoliens, lorsqu'il souligne l'intérêt de la pensée mythique pour une sociologie de la vie quotidienne, posant que c'est « *par le biais de la pensée mythique que s'opère une dialectique entre le sacré et le profane* », le sacré étant à la fois manifeste et dissimulé [32].

Aussi tenterons-nous, avec une audace éprouvée à l'usage de la raison sensible, comme nous l'ont d'ailleurs appris nos grands ancêtres fondateurs, René Bansard et Jean-Charles Payen, à tenir ensemble les deux bouts de ce trajet anthropologique cher à Gilbert Durand, et qui concernent le mythe dans son discours originel, dans ses intimations naturelles et dans son inscription sociale et culturelle.

Dans cet ouvrage, nous traiterons ainsi d'exemples pris dans le temps et l'espace mythologiques :

Carnaval, d'abord, est le temps de la chair navale ou du carnage, son actualité nous montre à l'évidence que, sauf à restaurer la fête en nos cités, nous aurons encore à craindre des dieux les plus violents quand l'esprit carnavalesque nous aura laissés, pour nous défier par trop de Dionysos ; dans une société qui veut réglementer même les chahuts étudiants, nous ouvrons sans doute la porte à l'émergence de fantasmes qui, ne relevant plus de la fantaisie, mettent en péril les fondements mêmes de notre être ensemble.

Munis des précieux viatiques des pages qui suivent, nous voici, pour un grand nombre, en état de rencontrer la fée des grèves, personnage capricieux, voire lutin qui souvent se dérobe aux étreintes du passant...

Que la fête soit en vos cœurs !

---

[29] Laborit H. *L'Homme Imaginant*, Paris, C. Bourgeois, UGE 10/18, 1970, p.141.

[30] Mauss M. *Sociologie et Anthropologie*, Paris, PUF Quadrige, 1985, p.294.

[31] Borela Jean op.cit. p.239.

[32] Maffesoli Michel, *La conquête du présent, pour une sociologie de la vie quotidienne*, Paris, Desclée de Brouwer, réd.1998, p.40.

LE CALENDRIER CELTIQUE

Paul Verdier – CNRS

Le calendrier celtique nous est connu de plusieurs manières : à la fin du siècle dernier, des débris d'une plaque de bronze furent trouvés dans un champ sur le territoire de la ville de Coligny ; des éléments d'autres plaques du même type (mais non exactement semblables) furent retrouvées dans le Jura, non loin de Coligny, dans les vases du lac d'Ancre proche de Villars d'Héria. La « plaque de Coligny » est visible au Musée des Antiquités nationales de Lyon [33].

Par ailleurs, les historiens de l'Antiquité nous donnent quelques repères temporels que les Gaulois considéraient comme de grandes fêtes religieuses : « *Samain* » au 1er novembre, « *Imbolc* » au 1er février, « *Beltène* » au 1er mai, « *Lugnasad* » au 1er août. Le fait que ces quatre fêtes sont immobiles dans notre actuel calendrier montre qu'il s'agit de *fêtes solaires* alors qu'on aurait pu envisager qu'elles soient lunaires, donc mobiles dans notre calendrier. Les linguistes sont d'accord sur une étymologie pour deux de celles-ci : « *Samain* » serait une fête des moissons tandis qu'« *Imbolc* » serait liée au moment annuel de la mise bas des brebis ; les deux autres auraient un sens plus « religieux », « *Beltène* » liée au feu de Bel, « *Lugnasad* » moment de la Nativité de Lug, deux des grands dieux du panthéon celtique.

1.– Un calendrier est l'outil qu'une civilisation met en place pour ordonner les résultats de la mesure du temps pour l'expression de sa chronologie, de son histoire. Une telle ordonnance se fait à partir de *la définition d'un Premier Jour conventionnel* (« *ab Urbe condita* » par exemple, pour Rome, Incarnation du Christ pour les chrétiens, etc.), marquant le choix d'un point de départ dans la continuité des grands cycles temporels observés et dans la chronologie qui en découle. Sans une telle origine, il ne peut y avoir d'histoire. On sera assuré qu'un calendrier celtique existe à partir du moment où la piste de son Premier Jour sera retrouvée : ce que ne donne pas *a priori* la plaque de Coligny (mais que les annotations en langue gauloise qui l'accompagnent suggèrent fortement). Celle-ci, en effet, n'est au mieux qu'un « calendrier perpétuel », c'est-à-dire une *structure vide* que chacun peut remplir à sa convenance avec la liste indéfinie des jours.

2.– Le matériau de base des calendriers est l'observation scientifique de la course des *astres errants* (soleil et lune), faite par des astronomes qui opérèrent constamment dans les mêmes conditions.

3.– a) Tout au long de son histoire, l'homme a cherché à mesurer l'abstraction temporelle qui le fuyait : après avoir constaté l'alternance du jour et de la nuit, il a conçu l'élément réunissant en un seul ces deux sous-éléments, le *nycthémère*. Celui-ci est de durée constante, mais celle de ses sous-éléments varie en fonction de l'écoulement des cycles astraux.

---

[33] Une très belle copie est également visible au Musée de la civilisation celtique de Bibracte...

b) Grâce à cet outil, la course des astres fut approximativement mesurée : celle du soleil est une suite de 365 nycthémères tropiques et/ou sidéraux environ, celle de la lune est de 29 nycthémères tropiques environ ou de 28 nycthémères sidéraux environ. Pour le soleil et pour la lune, les courses passent par quatre « phases » observables au cours de chaque cycle ; si celles de la lune sont immédiatement visibles, celles du soleil (solstices et équinoxes) ne se perçoivent qu'en visant la position de l'astre sur l'horizon, à son lever ou/et à son coucher, et ce sont elles qui déterminent la durée des nycthémères à ces moments.

c) L'observation des levers des astres sur l'horizon d'un lieu peut ainsi permettre de mettre en évidence, grâce à un *éventail* des positions astrales tout au long des cycles (éventail variable selon la latitude du lieu), un calendrier fiable pour le soleil comme pour la lune. Une telle mesure peut se faire soit selon la seule référence au lieu (mesure tropique), soit par comparaison aux astres qui se trouvent sur la *sphère des fixes* (mesure sidérale) et les deux valeurs obtenues ne sont pas égales. Ces techniques sont à la base de la possibilité de double mesure selon le *temps tropique* et selon le *temps sidéral*. La différence de durée entre les deux cycles permet, pour un même astre et dans un site, d'observer ce que l'on appellera la « *précession des équinoxes* ».

4.- La structure vide d'un calendrier peut alors rendre compte le plus exactement possible soit de la durée de *l'année*, soit de celle du *mois*, soit des deux ensemble. Enfin, en comparant douze mois de la lune et l'année solaire, par un raisonnement de type mathématique analogue au « principe de la double pesée » qui permet, avec une balance fausse de faire des pesées exactes, on peut accéder à plus d'exactitude avec ce qu'on appelle un « *calendrier luni-solaire* ».

Cependant comme des *cycles* n'ont mathématiquement pas d'origine rationnelle, mesurer l'écoulement du temps passe d'abord par la convention d'un *point d'origine* qui vaut autant pour l'initiale de l'histoire du peuple que pour les mois et année astronomiques. Si le calendrier luni-solaire doit servir aussi à prédire les éclipses, on ajoutera aux valeurs sidérale et tropique la mesure draconitique propre à chaque astre : dans ce cas, il faut que le premier jour calendaire soit aussi le siège d'un nœud draconitique.

5.- Toutes les conditions qui viennent d'être posées permettent de définir ce qu'une civilisation appellera « *fête* » : comme les autres, les Celtes sacralisent ainsi certains nycthémères au cours desquels un dieu ou une déesse (dont l'essence appartient au temps sidéral) intervient spectaculairement dans le temps des hommes. D'un point de vue astronomique, ces nycthémères sont le lieu de conjonction de deux phases remarquables, l'une du soleil et l'autre, de la lune, éventuellement lors d'une éclipse, le tout observé en temps sidéral comme en temps tropique. Ce moment exceptionnel mérite alors d'être retenu dans la mémoire collective des individus qui célèbrent alors le mémorial du passé et l'espérance du retour que l'inscription dans un cycle rend inéluctable. Les fêtes celtiques sont toutes de cet ordre, notamment celles indiquées précédemment : Samain, Imbolc, Beltène et Lugnasad sont situées à 38 jours des solstices et équinoxes tropiques et ne sont rien d'autre que des positions particulières (observées en temps sidéral) de levers des solstices et équinoxes environ vers l'an -1000 avant notre ère. Pour en imposer la célébration, on a retenu sous forme tropique le quantième conventionnel auquel elles se sont manifestées à un moment de l'histoire, parce qu'elles furent un événement majeur pour les Celtes.

6.– Il existe une autre manière de pérenniser le souvenir d'un événement religieux d'importance : après avoir repéré devant quelle constellation (lors d'une de ses phases) se lève l'astre avec lequel on mesure le temps (« lever *héliaque* ou *sélénique* » de la constellation), quelles constellations sont à l'aplomb des autres phases astrales alors visibles, on peut résumer l'observation par un dessin qui ne sera rien d'autre qu'un « *logo* ». Dans un calendrier luni-solaire (en double comptage), la situation sera définie de la même manière, mais elle sera un peu plus compliquée. C'est ainsi qu'on connaît la date de la Création de Rome (avec la Louve sous le figuier allaitant ses Gémeaux) ou celle de la Nativité du Christ (avec la crèche) : la convention ainsi utilisée est différente de celle apportée par l'usage du quantième, mais aussi efficace. Chez les Celtes, les plaques d'argent historiées du *Chaudron de Gundestrup* ne seraient rien d'autre qu'une série de « logos » illustrant la situation astronomique propre au passage de « l'année d'automne » à « l'année de printemps » [34], à la fin de l'ère astronomique du Taureau, vers -2000.

7.– Si on utilise une figuration anthropomorphe pour les astres errants, féminine pour la lune et masculine pour le soleil, les dieux peuvent alors se manifester sous ces traits — et comme c'est le cas avec le Chaudron de Gundestrup —, tandis que les constellations de la sphère des fixes, autres « images miroirs » possibles, seront figurées soit par des animaux, soit par d'autres humains, comme ce pourrait être aussi le cas de l'ensemble du monnayage celtique... Le Temps, ainsi, devient théâtre grâce auquel les hommes se représentent les actes divins et dont ils tirent la nécessité des rituels festifs...

L'origine des Temps :

Toutes nos civilisations ont des dates fondatrices majeures, partout les mêmes dans le Bassin méditerranéen : ce sont celles des 25 décembre et 25 juin et — dans une moindre mesure — celles des 25 mars et 25 septembre.

Comme pour les *fêtes décalées* précédemment évoquées, celles-ci peuvent être en même temps tropiques et sidérales ; de nos jours, elles sont exclusivement tropiques et ont représenté, durant l'ère des Poissons où nous sommes toujours, des moments *sidéraux* des solstices [34]. Durant la période historique, elles furent de même des positions sidérales, aux ¾ de l'ère des Gémeaux, mais pour les équinoxes. Alors, ceux-ci achevaient de franchir le seul « *obstacle* » visible dans les constellations du ciel, la Voie lactée, encore appelée l'Arbre cosmique.

Le 25 décembre servait à dater la fin du *Passage* — une *Pâque* religieuse — de l'équinoxe d'automne à l'aplomb d'Ophiucus et de son Serpent et celle du 25 juin, la fin du *Passage* de l'équinoxe de printemps, à l'aplomb d'Orion et de son Chien Procyon... Ces dates ou quelles que soient les formes différentes que leur donnent les civilisations indo-européennes sont partout restées mémoriales du grand événement mythique, surtout Création du Monde par le démiurge...

---

[34] L'année d'automne avait pour référence d'observation la position du point d'équinoxe d'automne et son « Premier de l'An » était au solstice d'été ; l'année de printemps, celle dans laquelle nous sommes toujours, a pour référence astronomique la position du point vernal (actuellement aux ¾ de la constellation des Poissons) et comme « Premier de l'An » le solstice d'hiver (non loin, pour nous, du 1er janvier... A la fin de l'ère du Taureau, le point vernal s'est levé en même temps que les Pléiades (en lever héliaque), un 15 mai sidéral. C'est cette position qui fut alors prise comme référence « absolue ».

CARNAVAL OU LE TEMPS À L'ENVERS

Georges Bertin

La question de Carnaval éclaire de façon particulière celle de l'imaginaire du Temps, en effet, est-il une période dans l'année plus propice aux retrouvailles avec l'Imaginaire ?

Les divers sens de Carnaval le font osciller entre l'étymologie *carnis levanem* : plaisir de la chair, et la place qu'il occupe depuis les Celtes dans le calendrier, dans sa fonction suspensive, d'une part, et célébratoire de l'autre, d'une nouvelle mise en ordre du temps (Recteur Paul Verdier, conférence à Bagnoles de l'Orne, Juin 1986.).

Dans le calendrier usuel depuis le Moyen-âge, la période de Carnaval est celle des jours fastes, ceux auxquels les échanges de toute nature sont autorisés (commerciaux, sexuels, et avec l'au-delà), période d'excès et d'orgie, de dépense luxueuse et incontrôlée, de retour au chaos des origines, de foire, d'accueil des étrangers et de réception des jeunes initiés dans la communauté des hommes, de retour des troupeaux dans les civilisations agropastorales, alors que les jours néfastes sont ceux de la parcimonie, du labeur acharné et ordonné, de la rigueur,des interdits et de la quotidienneté.

Par ailleurs, il est pour nous évident que le cycle de Carnaval entretient un rapport étroit avec celui de la fête de Pâques qui le détermine, en effet Carnaval, (mardi gras, Carême entrant, Carmentrant, carême prenant, mardi de *carniprivium*), le premier jour de Carême est fonction de la date de cette fête (40 jours avant), Pâques étant elle-même fonction de la date de la première lune de printemps (1er dimanche la suivant), d'où, Carnaval peut être célébré soit vers les 2/3 février (clé antérieure) soit vers les 9/10 Mars (clé postérieure).

Ceci nous est rapporté par les traditions populaires ; ainsi Claude Gaignebet attire notre attention sur le fait que Rabelais (qui puise ses sources dans le folklore de son temps) fait naître Gargantua un 3 février « *à l'ascension d'une boursouflure de tripes de boeufs gras abattues pour avoir au printemps chair salée* ». On voit ici poindre la référence de la fonction du Carême qui suit en réaction à une quarantaine grasse populaire (jours fastes), le Carême étant la période des interdits (jours néfastes).

On retrouve une même alternance en Inde, dans les *Upanishads*, qui mettent en présence l'alternance des carêmes et des carnavals.

Claude Gaignebet souligne également que le 2 février est la date de déshibernation de l'ours (de l'Irlande à la Corée) qui se libère là d'un bouchon anal en mangeant de l'arum (encore appelé vit de prêtre) . Il rapproche cela de la retraite de « *jeune oursonne menstruée* » des jeunes athéniennes qui faisaient appel au safran aux crocus pour se libérer. Les effets hilarants de ces plantes s'accompagnaient d'un relâchement des sphincters.

De cet aspect fonctionnel lié au vent, on passe aux vertus psychopompes des jours de carnaval (jours ou les âmes comme les vents s'envolent), dont témoigne le fou qui s'amuse à la fermeture /ouverture des valves ou encore les soufflaculs présents par exemple dans les carnavals de Franche-Comté et les feux de Carnaval qui emportent les âmes des morts.

Chez les celtes, fête de la troisième fonction artisanale, IMBOLC, (littéralement de l'étymologie irlandaise *lactation* ou *lait des brebis*) au 1er février, est la fête de la lustration, de la purification. « *Après toutes les souillures de l'hiver, le temps usé doit être régénéré pour que la vie nouvelle puisse se manifester* ».

Cette fête désigne les sacs, le gonflement, les bourses, car en ces jours, les Gémeaux et le Sagittaire baignent dans le suc lumineux de la Voie lactée provoquant le gonflement des graines, des seins, des phallus.

Elle a été remplacée dans le calendrier chrétien par Ste Brigitte, héritière de la Brigit préchrétienne, déesse du clan des dieux de Dana (Tuatha de Danan), à la fois mère, épouse, sœur et fille des dieux dont la célébration est très vite passée au compte de la Vierge Marie (Chandeleur).

Pour les chrétiens, le 3 février, c'est encore la fête de saint Blaise, maître du souffle, qui délie vent et ventres, héritier de Volos Veles, d'Europe centrale, le dieu du souffle qui pousse le feu où il veut et du Varuna hindou, parent de Bélénos qui purifie les troupeaux, permet le premier labour faste. St Blaise guérit les écrouelles comme Volos les scrofules.

Nous retrouvons ces mêmes fonctions de Carnaval en regardant les coutumes de Carnaval au Moyen-Age et dans les traditions populaires.

Carnaval et fêtes de printemps.

Jacques Heers raconte qu'au Mans avait lieu, le premier et le deuxième jour de mai, une fête où les rôles se trouvaient semblablement inversés. C'était, dit-il, la Fête des domestiques, valets des chanoines, ils se rassemblaient très tôt le matin dans le cloître de la cathédrale, s'armaient de triques, faisaient le tour de l'enclos canonial, allaient réveiller ceux qui dormaient encore, les douchaient dans la fontaine St Julien, brimaient les nouveaux venus et les entraînaient avec chants et processions jusqu'aux agapes de l'après-midi.

Comme Jean-Claude Aubailly l'a bien vu, les jours Carnavalesques sont de grandes périodes de festivités qui s'organisent au Moyen-Âge, des fêtes d'hiver au printemps :
– du 1er janvier à la période des cendres,
– ou le premier dimanche de Carême (St Pansard, jour des brandons, des bures, des bores, des Failles),
– ou le jeudi de la mi-carême, jour où « l'*on scie la vieille* » représentation du Carême.

Les thèmes développés dans ces jours sont tous liés au rajeunissement, à la levée des tabous et interdits, ce sont les jours des hommes sauvages (incarnation du principe de plaisir), du temps joyeux manifesté par des tournées de quête, par les jeunes déguisés (logiques de l'envers) transportant des mannequins affublés de masques barbouillant les passants, les femmes les jeunes filles.

La période de Carnaval était donc ***celle de mascarades et cavalcades*** mettant en question les puissants, les autorités ecclésiastiques, se gaussant des époux bafoués, des barbons, de toutes les formes d'autorité. Conduits par des confréries joyeuses, clercs de la Basoche (associations de futurs juristes), Connards, Enfants-Sans-Souci, appelées encore Abbayes de Jeunesse, les cortèges parodiques et ludiques installent, pendant ces jours, une confusion des mœurs et des pratiques sociales qui font douter tout un chacun des limites admises, le conduisent aux marges du théâtre et de la vie, réunissent les deux parts de l'existence morcelées dans le quotidien.

On se déguise en homme sauvage, en cheval-jupe, on prend les vêtements du sexe opposé, on personnifie Carême et Carnaval (comme dans le célèbre tableau de Bruegel), Carmentrant, Charnage, St Pansard, etc... qui s'affrontent souvent en des combats singuliers dans le théâtre social. C'est aussi une période propice aux charivaris donnés aux veufs qui se remarient, aux cocus, dans des parodies de tribunaux burlesques, par la musique et la danse.

Le fou, vêtu d'étoffes voyantes et portant sur lui tous les attributs de la singularité la plus vive, est l'archétype de ces manifestations de la vie nouvelle, du Printemps et du renouveau de la nature. Il en sortira un genre théâtral nouveau par son caractère profane: la sottie au comique contestataire, dans la forme comme dans les contenus, mettant en présence les différentes catégories d'une société sur laquelle elle projette un éclairage désabusé. Elle fut interdite après 1540.

Il est particulièrement significatif, de notre point de vue, que l'œuvre la plus célèbre de ce genre au 15ᵉ siècle, *La Nef des Fous* de Sébastien Brant (1457-1528), qui parut pendant le Carnaval, en février 1494, et constitue une véritable peinture critique de la vie quotidienne, reprenne les attributs des fous de Carnaval en utilisant les thèmes de l'inversion pour stigmatiser les vices de ses contemporains. Cet ouvrage, l'un des plus lus au 16ᵉ siècle, s'enracine dans la grande tradition des fêtes carnavalesques du Moyen-Age, temps de synthèse de la culture populaire et lieu de toutes les transgressions. Elle tire son efficacité d'une peinture critique de la vie quotidienne témoignant du dérèglement d'un monde médiéval mené par ce mouvement incohérent qui le conduit, tel un bateau ivre, à sa perte.

Elle eut un immense succès dès sa parution et ce poème, long de cent douze chapitres, connut très vite plagiats et continuateurs invitant également leurs lecteurs à faire fi des interdits et à jouir de la vie et de ses créatures.

On touche bien, avec ces textes, à l'essence même de la fête, le franchissement des limites du quotidien, aux conditions les plus favorables à son évolution, à son déploiement, quand les situations historiques font douter une société de ses valeurs, la font hésiter sur leur sens, sur leur bien fondé.

Au début du 14ᵉ siècle, le *Roman de Fauvel* nous décrivait déjà également, avec force détails, un charivari.

Le Charivari est ainsi une des figures marquantes de la forme carnavalesque : en Allemagne, rapporte Henri Rey-Flaud, durant Carnaval, les coureurs aux masques velus investissent la ville, le visage couvert d'un masque de bouc, portant des clochettes, bâtons à la main, ils quêtent, avec force bruit, auprès des époux remariés en secondes noces pour qu'ils rachètent la femme perdue pour eux. Le charivari est le lieu de la mise en scène de pillages rituels lié à cette privation de jouissances qu'est un mariage de vieux dont l'argent est la rançon (la peau de l'épouse capitalisée par le vieux y est représentée par les fourrures.) Les femmes, à leur arrivée se cachent pour éviter d'être poursuivies et aspergées de purin, souillées puis poussées dans la peau d'une bête sauvage.

Les veillées sont aussi un des lieux où se manifeste l'esprit de Carnaval.

Des Innocents à la Mi-Carême, les veillées commencent le jour des Innocents, date à laquelle on fouette les jeunes filles et on leur jette des plombs en sucreries.

Martine Grinberg distingue deux périodes :

a) la préparation, où les dames se rassemblent pour filer, tout en travaillant elles parlent de leurs croyances, de leur mariage, du pet, des excréments, du sexe, des cocus, elles écoutent des conteurs qu'elles récompensent, tandis que des troupes de jeunes gens courent les veillées, travestis.

C'est à cette période qu'on choisit sa dame pour l'année, souvent par tirage au sort le jour de la St Valentin et qu'on lui promet alliance d'amitié.

b) la période carnavalesque proprement dite, où les rites donnent le premier rôle au jeune homme dans :

– les sociétés carnavalesques, charivaris, assouades (chevauchements de l'âne à l'envers pour les maris bafoués).

– les tribunaux qui consacrent les déviances à l'ordre social,

– les jeux de Carnaval.

Les lieux de Carnaval :

Si, au Moyen-âge, la cathédrale, le château sont investis par les deux premiers ordres de la société, la rue est, incontestablement, le lieu d'exercice d'une culture populaire qui déborde, d'ailleurs souvent, dans ses manifestations sur le domaine réservé des deux classes dominantes.

Il n'en demeure pas moins qu'à l'opposé de la culture instituée, celle des clercs et des nobles, et même si, là encore, cette affirmation mériterait d'être nuancée par l'évocation des transfuges de ces deux ordres et de leurs œuvres, les lieux de la culture populaire sont ceux de l'ouverture, ceux où les uns et les autres ont le plus de chance de rencontrer des gens différents, d'échanger, de se provoquer mutuellement, voire d'entrer en conflit.

À la Forge, au Moulin, à la Taverne, comme en témoignent en particulier les chants de pèlerins ou la poésie des Goliards, (étudiants en rupture de Faculté), lieux que n'aime guère fréquenter le clergé, pour des raisons morales, au Lavoir où les femmes commentent les événements de la paroisse, se colportent les nouvelles. Là vont échanger, en langue de tous les jours, les acteurs de la vie économique de la cité ou du village parlant de leurs problèmes quotidiens, évoquant les solutions, les us et les coutumes des ancêtres, comparant les façons de vivre et de faire avec les voyageurs, les commerçants, les soldats en transit. Le brassage d'idées et de savoir-faire qui s'y opère fournit incontestablement les bases d'une culture du quotidien.

C'était une idée chère à Jean-Charles Payen que cette invention perpétuelle d'une culture produite par le peuple et pour le peuple. Il aimait à dire qu'il retrouvait, dans les farces du Moyen-Age, les thèmes produits par une littérature de colportage estimant que, s'il y avait bien à cette époque recours à la tradition (*folk-lore* = *langue du peuple*), il ne fallait pas négliger pour autant les modalités d'expression d'une culture populaire produite en fonction des besoins rencontrés par ses auteurs.

La fête médiévale carnavalesque, et nous en observons aujourd'hui de nombreux usages encore vivaces, coïncide, dans sa tenue, avec la foire. En conséquence s'y opèrent d'importants brassages de populations d'autant plus motivées à l'échange que le but de la réunion de ces importants concours de peuples que sont les foires médiévales, dont il subsiste d'ailleurs encore quelques traces, est précisément celui de l'échange, de denrées, d'argent, de produits artisanaux et culturels.

Société très adonnée au jeu sous toutes ses formes, celle du Moyen-Âge ne pouvait manquer d'être fascinée par la spontanéité des réjouissances paysannes. L'on en trouve des illustrations dans la peinture et dans la littérature de la fin du Moyen-Âge et du début de la Renaissance. La Nature guidera les premiers réalismes en vertu du programme tracé, dès la fin du XIIIᵉ siècle, par Jean de Meung:

« A genouz est devant Nature...

Qui s'ensuivre la (de la copier) moult

Et la contrefait comme singes ».

Surtout, précise Jacques Le Goff, *« la musique, le chant, la danse, emportent toutes les classes sociales... Alors par delà les calamités, les violences, les dangers, les hommes du Moyen-Âge trouvent oubli, sécurité, et abandon dans cette musique qui enveloppe leur culture... ils jubilent. »*.

Paysans et bourgeois de villes s'y rencontrent, de cette confrontation naîtra le personnage du « vilain », qui évoluera dans le théâtre de Shakespeare, vers la figure du Clown et du « marchand » qui traînent dans tous les fabliaux et ceux des autres protagonistes de la société de l'époque : le clerc, le seigneur, etc...

Occasion de contacts, la fête carnavalesque est également celle de conflits entre la culture savante, religieuse par essence et par destination puisque l'Église tient tout le secteur de diffusion du savoir et qu'elle utilise écoles et universités pour diffuser son dogme, et la culture populaire. Pour les clercs, mémoire des hommes, s'exprimant en latin et fondant leur culture sur l'Éternité et non sur le Temps, glosant à perte de vue sur l'Écriture sainte, il n'est pas concevable qu'il puisse exister une culture en langue vulgaire ; elle serait, par le fait même, hors-statut au sein de la société médiévale. La coïncidence doit pour eux être parfaite entre culture savante et culture religieuse puisque celle-là ne peut être que spirituelle .

Les modèles en sont connus et répandus : l'ascèse, le sacrifice, le renoncement et l'on va même jusqu'à retirer des textes classiques anciens tout ce qui a trait aux idoles, à l'Amour, au superflu.

Jean-Charles Payen citait volontiers, dans ses conférences, un texte de Raban Maur, abbé de Fulda au 9ᵉ siècle, énonçant l'attitude suivante vis-à-vis des textes de l'Antiquité :

« si on veut lire les textes de l'Antiquité, disait-il, pour s'en servir de modèle de style, il convient de faire comme l'Israélite vis-à-vis de la captive, qui la rasait, lui coupait les poils et seulement alors pouvait la prendre chez lui pour épouse. »

Ce conflit, latent dans la société médiévale, va se retrouver exprimé, joué, mis en scène dans les jeux de carnaval, lorsque deux personnages allégoriques, Carême et Charnage, en viennent aux mains et font assaut de répliques. Il est sans doute superflu de dire l'issue de pareils combats, la chair prenant une revanche éclatante sur la tristesse instituée.

On assiste effectivement, de plus en plus manifeste au fil des siècles, à l'émergence d'une contre-culture dont la fête carnavalesque est le champ d'expression le plus populaire, nous en livrant les significations imaginaires sociales enfouies et réprimées, mais porteuses des potentialités de tous les renouvellements.

Carnaval et Traditions populaires [35].

Les traditions populaires nous en ont conservé jusqu'au milieu du 19e siècle des formes tout à fait intéressantes véritable miroir des sociétés locales. Pour les décrire, nous distinguerons trois figures de Carnaval, lesquelles correspondent aux trois fonctions de cette fête :

— les feux de Carnaval, soit la fonction psychopompe et purificatrice ;

— la mise à mort du roi et l'enterrement de Carnaval, fonction de fertilité,

— sa résurrection et la figure dionysiaque de Carnaval, fonction régénératrice.

a) Les feux de Carnaval.

James G. Frazer nous montre que de nombreuses traditions associent Carnaval aux feux de joie dans les hauteurs, grands feux, mannequins, voire chats noirs brûlés en public (le chat noir est une figure du démon également présent dans les sabbats) :

— en Franche-Comté, les jeunes gens quêtent des fagots dans chaque maison où se trouve une jeune fille,

— dans le Rouergue, le Loiret et la Normandie, chaque village a son feu de joie, gars et filles dansent autour ou cherchent à le traverser, ou encore promènent des brandons dans les champs et vergers sous les arbres fruitiers qu'ils espèrent ainsi purifier.. On recueille la cendre des brandons pour la déposer dans les poulaillers ce qui renforcera les capacités de pondeuses des poules concernées.

À Mardi Gras dans de nombreuses provinces, on brûle des mannequins (ce qu'on peut encore voir de nos jours par exemple à Valence ou au carnaval de Nice). En Silésie, à Venise, on enterre la Mort ; à Obern, c'est un mannequin qu'on a traduit en justice et chargé de tous les maux. Dans le Tyrol, c'est la vieille femme qui part ainsi en fumée.

Pour Frazer, qui reprend à son compte les théories populaires, le feu est un agent purificateur qui consomme les choses mauvaises (la sorcellerie), le mal (cf les chats noirs). Il est aussi agent du soleil, produisant de la lumière à l'instar de l'astre du jour d'où les disques enflammés qu'on lance parfois sur les pentes à partir des bûchers de Carnaval.

Il est encore agent de fertilité, en témoignent les sauts des jeunes gens par dessus le feu pour être mariés dans l'année et avoir des enfants, comme les brandons dont la cendre fait pondre les poules.

Psychopompes, surtout, les feux de Carnaval emportent les âmes des morts tandis qu'au Sol, les soufflaculs favorisent la circulation de l'air et que sont magnifiés les vents.

Marcelle Mourgues rapporte qu'à St Martin Vésubie, la fête dirigée par les Abbats de jeunesse avait lieu autour des feux purificateurs et que le lendemain, la jeunesse assistait à une messe solennelle avec deux Fous appelés Biffous qui devaient assister à Noël, à la messe de Minuit. Ils étaient chargés de combattre les génies néfastes au moyen de grelots et de massetos, pièces de bois à lamelles qui produisaient un grand vacarme et dont ils frappaient les assistants.

---

[35] Bertin Georges, *L'imaginaire de la fête locale*, thèse de doctorat, Université de Paris 8, 1989.

b) la mise à mort du roi et l'enterrement de Carnaval.

Dans la plupart des Carnavals d'Europe, il est coutumier de poursuivre un homme vert, recouvert de feuillages ou encore un homme sauvage pour, après cette poursuite, qui prend diverses formes, le mettre à mort réellement ou plus fréquemment en effigie ou encore de se livrer au simulacre du sacrifice.

Pour Frazer, ce meurtre rituel et violent du Roi du Bois, lequel incarne l'esprit de la végétation, sa capacité à faire pousser les récoltes, est indispensable pour le préserver du déclin inévitable de la vieillesse et avec lui la nature qu'il incarne.

La transmission de cette vigueur est en effet inévitable dés qu'elle commence à faiblir, d'où la nécessité de tuer le roi pour que l'esprit divin s'incarne dans son successeur en toute intégrité.

Dans certaines coutumes, c'est le successeur lui-même qui se charge de l'exécution afin de pouvoir profiter de la nouvelle incarnation de l'Esprit du Bois.

En Souabe, on habillait en vert le dernier jeune homme sorti du village et on l'affublait d'un faux cou qui était tranché après jugement.

Cette cérémonie ne peut être faite qu'au printemps afin d'accélérer magiquement la végétation.

La poursuite s'explique par le fait que celle-ci, et les combats inévitables qui l'opposent à ses poursuivants lui donnent l'occasion de prouver sa vigueur et que sa force demeure intacte. Dans l'Antiquité c'est un esclave qui était chargé de ce rôle en souvenir de la fuite d'Oreste fondateur du culte.

L'enterrement

Cette mort simulée d'un être divin peut revêtir deux formes suivant qu'on s'attache à enterrer une personnification de Carnaval (figure de l'abondance et de l'excès, de la vigueur, d'où ses excroissances, sa verdeur réelle et figurée, sa propension aux débordements physiques et moraux), ou la Mort elle même (rituels du 4e dimanche de Carême).

Dans le Latium, à Frosinone, a lieu la fête appelée *radica*, soit *des racines*. Pendant que l'on promène Sa Majesté Carnaval sur un char et que l'on danse autour, chacun doit tenir une racine ou une feuille d'aloès, en attendant devant la sous-préfecture la sortie des dignitaires (= les puissants). Quand ils paraissent, on jette les feuilles sur eux et l'on part en procession jusqu'au bûcher de Carnaval dans lequel on lance toutes les racines.

Dans les Abruzzes, le cortège est précédé de la femme de Carnaval en pleurs tandis que les assistants se livrent à force libations. Le bûcher est aussi bombardé de châtaignes.

À Malte, les femmes pleurent la mort de Carnaval et accompagnent le cortège de leurs hurlements.

À Lerida, en 1877, une procession tragique entourant le char de Pau Pi s'avançait gravement, les jeunes revêtus de robes d'évêques, et suivie de cavaliers portant des torches enflammées.

Après l'oraison funèbre du sacrifié, le diable et ses anges s'emparaient du cadavre et s'enfuyaient. Rattrapé, Pau Pi était alors enterré.

En Provence, c'est Caramentran qu'on emmène en chariot entouré de gens grotesques porteurs d'outres de vin. Il passe en jugement devant des personnages aux airs sévères, dont un Carême famélique. Condamné à mort il est lapidé puis son corps est précipité à la mer.

En Normandie on enterrait Mardi Gras, le vieux débauché, sous forme d'une effigie crasseuse et ballionnée après une procession entrecoupée d'arrêts au cours desquels on pouvait entendre de nombreux discours moralisateurs et les accusations sur ses vices. Parfois, après avoir allumé le mannequin, on le faisait rouler en bas d'une colline. À Saint-Lô, son effigie était suivie de sa veuve, « *Jeanne Couillard* » laquelle poussait de cris de douleur avant d'être jetée à la Vire. L'homme de paille, lui, était brûlé.

À Lesneven, en Bretagne, on brûlait semblablement un homme de paille après l'avoir promené en ville, suivi d'un représentant de Mardi gras couvert de sardines et de queues de morue.

À Pont Aven, il était jeté à la mer le matin du mercredi des Cendres. À La Rochelle, c'étaient ses cendres qui étaient jetées.

En Angleterre, c'était un mannequin, appelé Jean de Carême, qu'on brûlait après l'avoir fusillé ou encore on le faisait descendre dans une cheminée.

En Transylvanie, comme en Bohème, Carnaval était personnifié par un Ours, en Bohème son cou bourré de boudin frais était décapité, avant d'être enterré. En Transylvanie, on faisait tourner une roue de charrette; pendant le cortège les jeunes gens étant déguisés en vieillards et les jeunes filles revêtues de feuillages.

Après un procès sous un arbre, une sentence de mort était prononcée, mais deux vieillards essayaient d'enlever le mannequin retenu par les jeunes filles qui le livraient au bourreau.

Deux fonctionnaires prononçaient alors un discours dans lequel on apprenait que Carnaval avait été condamné à mort pour leur avoir fait mal en usant leurs chaussures et en leur apportant fatigue et sommeil.

Prés de Schömberg, on promenait le Fou de Carnaval sur une bière tandis qu'un membre du cortège recueillait les cadeaux. On enterrait le Fou dans la paille et le fumier. Parfois, on le ressuscitait en lui insufflant de l'air avec un tuyau et l'on fumait alors de longues pipes de terre.

c) Dionysos, le dieu-Carnaval.

Dans toutes ces mises en scène, il semble bien que soit activée la figure de Dionysos comme divinité de la végétation, du monde inférieur puisqu'il passe une partie de l'année sous terre.

Certains allaient même jusqu'à dire que les traditions carnavalesques sont des traces des rites des mystères dionysiaques de l'Antiquité grecque. Dans ces mystères, le dieu était représenté sous une forme animale avec cornes (taureau ou bouc) qu'on déchirait, démembrait, vivante. Ainsi les adorateurs du dieu croyaient le tuer et manger sa chair en buvant son sang.

Cette mise à mort du bouc (*tragos ôdé*) est pour Niesztche à l'origine même de la tragédie. Le sacrifice du bouc s'explique aussi par le fait que cet animal était nuisible à la vigne.

On retrouve aussi ce rite à Fez où des chèvres étaient sacrifiées à vif lors des rites d'Aïsoura qui s'achevaient par des orgies.

À Carnaval, le drame était revécu afin de rendre la terre fertile et la vigne productive. C'est le sens des rites des Anthesteries à Athènes où l'on célébrait le vin et les morts au travers du mariage de Dionysos et de la reine d'Athènes, soit le dieu bœuf ou taureau et de la cité ou encore des forces de la végétation (le blé et la vigne) et de la Ville. Noces de Nature et de Culture ?

Après forces libations et un labour symbolique, on célébrait la mort et la résurrection de Dionysos qui était déchiré par 14 titans, 7 de chaque sexe, comme d'ailleurs Osiris en Égypte fut déchiré en 14 morceaux par Typhon.

On trouve dans toute la Grèce des cérémonies semblables, en Thrace elles donnaient lieu à de véritables représentations populaires le Lundi de Fromage, (dernier lundi de Carnaval), avec mascarades d'hommes affublés de peaux de boucs qui représentaient la mort et la résurrection d'un bébé né de père inconnu, celui du Van (Dionysos).

d) Fêtes d'hiver : le cycle des 12 jours.

Paul Verdier insiste pour sa part sur le fait que le cycle de Carnaval, loin de se cantonner à la veille du Carême chrétien, dans sa fonction solaire s'origine dans la suspension du temps observée au moment du solstice d'hiver ; propice également à ces fêtes d'hiver qui, des Balkans aux rivages irlandais, sont la marque des jours fastes.

Celles-ci ont été souvent décrites, il s'agit de la période allant de Noël à l'Épiphanie, la fête de Noël n'étant que la continuation de l'ancienne fête du soleil, célébrée à l'époque solsticielle par les peuples anciens, allumant des feux dans l'intention magique de favoriser, pour l'astre du jour, la réanimation de sa flamme.

Universellement fêtée, elle est en Inde, la fête de Diwali, maîtresse des éléphants, et a lieu une semaine avant la saison des pluies. Au Maghreb, elle est symbole d'hospitalité et du contrat d'alliance avec les Invisibles, s'y manifeste la « *Vieille de janvier* » que l'on retrouve en Iran aussi bien qu'à Rome. À cette époque, s'y célébraient les Lupercales : les jeunes gens se répandant nus par les rues de la Ville, frappaient les femmes de lanières en peau de bouc pour les rendre fécondes.

L'anniversaire de la naissance du Christ avait lieu, autrefois, le 6 janvier et ce sont les autorités ecclésiastiques qui ont cru opportun de transférer cette célébration et la date de naissance de Jésus-Christ au 25 décembre, « *dans le but de dériver au profit de Dieu le culte que les païens avaient jusqu'alors offert au Soleil* ».

Ce transfert aurait eu lieu à la fin du 3e ou au début du 4e siècle, car les païens célébraient ce jour-là la naissance du Soleil : chez les Égyptiens et en Syrie, les fidèles sortaient à Minuit de leurs sanctuaires secrets en criant : « *La Vierge a enfanté, la Lumière croît* », amalgamant au culte chrétien la grande déesse orientale (la Vierge Céleste) et Mithra, le « Soleil Invaincu » qui se fêtait aussi le 25 décembre.

Le cycle de Noël avait aussi sa fête carnavalesque, celle des Innocents ou Fête des Fous.

Pendant le cycle des douze jours et douze nuits, « *temps dans le temps, temps d'avant le temps, temps d'avant la loi où faisaient retour du fond des âges les hommes bêtes primitifs* », les petits clercs des chapitres urbains, le bas-Clergé, les sous-diacres avaient le droit à la parole, nommaient un évêque-bouffon, un prince des sots, et célébraient, dans une forme qui respectait l'ordonnancement extérieur, des cérémonies de l'Église. Ces offices parodiques débordant bientôt le cadre ecclésial emmenaient de joyeuses cavalcades et processions au travers des cités, déclenchant toutes sortes de débordements sur leur passage. L'Âne, symbole des tout-petits, des faibles et des opprimés jouait un rôle de premier plan dans ces fêtes dont l'inversion des valeurs était le maître-mot.

Fêtes de la lumière pour le peuple, ces réjouissances étaient l'occasion de ridiculiser le haut clergé, comme en témoigne ce couplet emprunté au manuscrit dit de Beauvais :

> « *Monseigneur l'évêque et ses conseillers*
> *vous font savoir que tous doivent obéir,*
> *sans quoi on vous coupera les culottes! »*

Survivance des anciennes fêtes païennes, celle de Janus aux deux visages et des Saturnales romaines qui honoraient des rois de carnaval pris parmi les esclaves, justifiée a posteriori par l'Église qui, faute de pouvoir s'y opposer, tenait à mettre l'accent sur la parole de l'écriture exaltant les humbles en dépossédant les puissants, la Fête des Fous devait perdurer jusqu'au 16e siècle dans toute l'Europe. Ainsi, dans les îles grecques, les Kallikantzaroi (enfants nés à une certaine époque de l'année et passant pour fils des bêtes sauvages, ils envahissaient les villages pendant les douze nuits, souvenir du temps primitif où poussés par une licence sans frein, ils violaient et fécondaient, selon leur caprice, les filles et les épouses, mêlant leur race sauvage aux enfants des espèces « *inférieures* ».

À partir de ces exemples, on peut se demander si la fête, pour qui sait la lire, la regarder et surtout la vivre, n'offre pas en raccourci, exacerbée, des images préfigurant l'avenir de la société elle même ? N'est-elle pas une matrice où s'inscrivent en creux les figures de l'imaginaire social qui travaillait alors le monde médiéval à l'époque de ses mutations ?

Essai d'interprétation

LE CONTENU : LE FOLKLORE ET SON RÔLE

Lieu de contact entre des mondes et des cultures différentes, Carnaval est largement issu du substrat culturel celte de toute l'Europe, d'où est élaboré son corpus : les contes populaires et légendes y rencontrent la littérature latine savante, certes, mais aussi l'islamique, matériaux colportés d'un bout du bassin méditerranéen à l'autre, comme il ressort d'études déjà citées.

Jean Charles Payen insistait ainsi particulièrement sur le personnage du **vilain,** très présent dans les farces médiévales. Il apparaît là comme une figure très forte et très sympathique loin d'être méprisé par le corps social, en fait un homme au sens plein du terme. Payen expliquait cette référence par le fait que, selon lui, il n'y a jamais eu, au Moyen-Age, de coupure entre les deux cultures, celle du peuple et celles des seigneurs. Même si les divisions sociales étaient très marquées, les uns et les autres vivaient dans une société d'interconnaissance, se côtoyaient constamment et communiquaient. Ainsi, dans les veillées au château, les paysans étaient présents, participaient et ces contacts, jouant dans les deux sens, eurent pour effet, certes d'enrichir la culture savante des sources folkloriques les plus universelles, mais inspirèrent également la culture populaire de thèmes aristocratiques. Il citait, en particulier la chanson : « *l'Amour de moy* », très populaire aux 15e et 16e siècles, qui trouve sa source dans le célèbre « ***Roman de la Rose*** ».

UNE CONTRE-CULTURE.

La contre-culture qui éclot à cette époque y gagne en même temps que, au sens propre, ses lettres de noblesse, une audience et une reconnaissance publique. Le réalisme et la provocation de l'Art Roman, le monstrueux présent dans toutes les églises sont là pour en témoigner, au même titre que l'exaltation du bas corporel, de la laideur et du grotesque dans les images d'une fête populaire laissant issir tout ce qui avait trait au bas ventre.

De fait, toutes les tendances régressives, les plaisirs et défenses d'ordinaire contenus pouvaient se donner libre cours dans le Carnaval.

La licence extraordinaire que l'on pouvait constater dans les manifestations de la Fête des Fous, du Carnaval était en effet profondément ambiguë : contestation de l'ordre établi, libération du paraître et du discours en même temps que récupération, exutoire, et au bout du compte confortement de l'ordre social.

Le groupe y était présent à la fois comme facilitateur, incitateur, tiers médiant.

Un exemple de ces rapports d'altération réciproque entre les deux cultures de l'époque nous est fourni par un groupe marginal qui passait pour l'un des meilleurs « animateurs » des fêtes du temps, celui des **Goliards**, qui instituaient le Temps Joyeux comme principe de vie, affirmant, en quelque sorte, toute l'année leur appartenance au temps carnavalesque.

Étudiants ratés ou ne fréquentant qu'à leurs heures les universités, ils ont laissé une littérature prolifique, violemment critique contre le pape, les évêques et les moines et parodique des textes liturgiques ; ils ont aussi porté la chanson à boire aux sommets du genre : l'on connaît d'eux particulièrement « *Le Chansonnier de Cambridge* » (11ᵉ siècle) et les fameux « *Carmina Burana* »(13ᵉ siècle).

Leur poésie, si elle se réfère dans la forme aux vers d'Horace, puise plus volontiers un contenu dans les salles enfumées de toutes les tavernes d'Europe ou dans les bourdeaux qu'aux chapitres des cathédrales. Bourrée d'allusions à Virgile et aux grands maîtres de l'Antiquité, mais pour mieux dénoncer, attaquer, mordre, elle était, pour reprendre l'expression de Jean-Charles Payen : « *culture de cuistre et profanité absolue* ».

Leur marginalité, due à l'essor démographique et à l'éveil du commerce dans un monde qui connaissait le début du développement urbain et universitaire, ne manquait pas d'inquiéter les pouvoirs institués comme les tenants de la tradition. Leurs amours sont longuement décrits dans les chansons goliardiques, le plus souvent sous une forme parodique et impie. Elles font état de recherches fréquentes et exigeant plus volontiers un prompt assouvissement de jeunes vierges que de femmes mariées. À une époque où le discours dominant était celui des longues attentes de l'amour courtois, cela ne laissait pas d'émouvoir. Toutefois, le cadre des amours est tout à fait conforme à l'esthétique du temps, comme dans les plus grands romans de Chrétien de Troyes, l'amour est lié au renouveau printanier et à la Nature.

Clercs sans tout à fait l'être, clercs en rupture de ban à l'intérieur du consensus culturel médiéval, les Goliards ont laissé des œuvres magnifiques. Il n'est sans doute pas insignifiant qu'après l'époque romantique, la nôtre les redécouvre pour en alimenter son animation, pour réapprendre d'eux la transgression des modèles culturels institués. Ils sont, pour qui s'intéresse à la fête, le modèle sans cesse récurrent de « l'animateur né » du « boute-en-train » de nos villages bocains, personnage très proche sémantiquement et symboliquement de ce « bouc en train » dont nous voyons refleurir la figure sympathique et marginale à toutes les époques et sous des formes diverses toujours proches du rythme et de la musique.

« UNE BELLE HISTOIRE QUI SE TERMINE MAL. »

Cette expression de Payen résume bien le sort que, par un renversement de situation sur lequel il faudrait se pencher longuement, la Renaissance à ses premiers moments, réserva à la culture populaire qui l'avait tellement appelée, préparée.

C'est au 16ᵉ siècle que la Contre Réforme catholique obtint l'interdiction de la Fête des Fous. En effet, comme l'a exposé Jacques Heers, les nouvelles idées ne s'affirmaient que très lentement, avec toutes sortes de retours, et notamment le fait de ne réserver les églises qu'au seul culte de Dieu et d'en exclure tout divertissement un peu profane.

Plusieurs conciles prononcent sa condamnation tout au long des 15ᵉ et 16ᵉ siècles, la première interdiction nette ayant été fulminée par le Concile de Bâle en 1431.

La Fête des Fous, dans ces conditions, ne fut bientôt qu'un souvenir, Carnaval devait lui perdurer, mais très encadré à la fois dans les liesses policées et dans le théâtre populaire auquel il fournit ses plus beaux types, il est passé dans la plupart des villes dans l'ordre du « *spectaculaire intégré* », mais sa charge émotionnelle et subversive demeure et peut à tout moment se conjuguer avec la révolte populaire, comme l'a bien montré Emmanuel Leroy-Ladurie dans son étude du Carnaval de Romans et Yves Marie Bercé dans ses travaux sur les liens entre fêtes et révoltes populaires à l'époque moderne. Plus près de nous, nombreux sont ceux qui ont souligné à quel point les événements de mai 68 étaient d'abord ceux de la fête des esprits et des corps libérés de carcans institutionnels insupportables à une jeunesse en mal de projets de vie.

Conclusion

Les thèmes de fécondité, de mort et de renaissance sont récurrents dans tout le système carnavalesque comme dans ses usages littéraires et populaires. Le personnage de Carnaval y apparaît alors dans toute sa signification.

C'est le temps, comme l'écrit Mircea Eliade où « *le monde n'est plus le Cosmos atemporel et inaltérable dans lequel ont vécu les Immortels, il est un monde vivant, habité et usé par des êtres en chair et en os, soumis à la loi du devenir, de la vieillesse et de la mort. Aussi réclame-t-il une séparation, un renouvellement, un rajeunissement périodique et l'on ne peut le renouveler qu'en répétant ce que les Immortels ont fait in illo tempore, en réitérant la création. Ainsi le rituel abolit le Temps profane, chronologique et récupère le temps sacré du mythe* [36] ».

La Culture carnavalesque est de fait une véritable contre-culture, elle s'affirme en s'opposant :

— à la culture de consommation par la transgression rituelle des tabous, le sacrifice des richesses, la gratuité, la participation et l'excès.

— à l'exploitation de l'homme par l'homme et aux lois de la nécessité et du travail en consacrant l'invention de l'homme par le jeu, dans ses mystères carnavalesques où l'homme joue le mystère de son origine, dans la vacuité. L'homme carnavalesque échappe au péché, il entre dans l'esprit de Dieu.

— à l'ordre social dans le retour au chaos, la liberté originelle, en renouant avec les origines du groupe social, sa fondation.

---

[36] Eliade M. *Aspects du mythe*, Gallimard, 1963, p.63.

Carnaval est une matrice, une source d'énergie et de création, il ressoude la communauté après en avoir éliminé le mal.

Les images de la fête carnavalesque sont actives, elles ouvrent les chemins de l'invention, de la création, de la transgression des modèles et des lois du quotidien. Elles nous aident à penser le Temps.

Communautaire, en prise sur des situations réelles, sur des collectifs vivants, sur un imaginaire social créateur, elle renvoie aux possibilités offertes à chacun de s'impliquer, de faire parler le refoulé, le sien et celui du groupe en l'interrogeant.

Subversive de l'ordre institué, la fête carnavalesque n'a cessé d'être le point de mire des pouvoirs publics, des ligues de bienséance ou de moralité publique, elle est encore souvent l'objet de condamnations et pas seulement dans les pays où la liberté n'est plus.

Si Carnaval inquiète les puissants, les pouvoirs institués, c'est que Carnaval interprète le monde, nous permet de renouer avec les origines du Temps ; s'exprimant, en les actualisant, dans le langage du peuple, il rend l'homme humain et joyeux.

Fête des humbles, du peuple et de la multitude, il nous entraîne à oser penser le monde à l'envers et ce n'est pas le moindre de ses mérites.

Que disparaisse Carnaval de nos pays aseptisés et technicisés, de nos systèmes culturels où déjà règnent en maîtresses absolues téléparticipation mentale, société du spectaculaire et imageries virtuelles, et le souffle froid de la mort sociale se ferait bientôt sentir, présageant sans doute inévitablement le retour de dieux beaucoup plus violents.

Entre le multiple et l'un, entre le temps des origines et celui de la nécessité, tant que vit la fête carnavalesque vit encore sans doute notre liberté.

Georges Bertin
1 Mai 1998

BIBLIOGRAPHIE :

Bakhtine Mikhail, *L'œuvre de François Rabelais au Moyen-Age et sous la Renaissance*, Paris, Gallimard, 1972.

Bataille Georges, *l'Érotisme,* Paris, Minuit, 1967.

Bertin Georges, *L'Imaginaire de la fête locale*, Thèse de doctorat sous la direction de Mr Jacques Ardoino, Université Paris VIII, 1989.

Caillois Georges, *l'Homme et le sacré,* Paris, Gallimard, 1950.

Collectif : *Le Carnaval, la Fête et la communication*, Nice, Serre UNESCO, 1985.

Frazer James-G, *Le Rameau d'Or,* Paris, Robert Laffont, Bouquins, 1986.

Gaignebet Claude, et Florentin M.C. *Le Carnaval, essai de mythologie populaire*, Paris, Payot, 1974.

Girard, *La Violence et le sacré*, Paris, Pluriel Poche, 1981.

Larmat Jean, *Le Moyen-Age dans le Gargantua de Rabelais,* Paris, Les Belles Lettres, 1973.

Rey-Flaud Henri, *Le Charivari*, Paris, Payot, 1984.

Schott-Billmann France, *La possession ou thérapie par le corps*, Paris, L'Homme et la Connaissance, 1980.

Vaultier Roger, *Le folklore en France pendant la guere de Cent ans*, Paris, Gunénégaud, 1965.

BANVOU, HISTOIRE D'UN NOM AUX SOURCES DES LOCALISATIONS ARTHURIENNES

Claude Letellier
Professeur agrégé de l'Université

Le village de Banvou, au cœur du Passais, aurait joué, selon Bansard et Payen, un rôle déterminant dans la genèse de Lancelot du Lac. Je rappelle les principales données. Le chevalier est un continental, à la différence d'Arthur, de Gauvain, et de Merlin. Il n'apparaît jamais dans les œuvres initiales. C'est dans le roman d'*Erec et Enide*, probablement composé, selon Daniel Poirion, [37] pendant l'année 1170, que se trouve mentionné Lancelot du Lac pour la première fois. Dans *Le chevalier de la Charrette* de Chrétien de Troyes, il secourt la reine Guenièvre enlevée par Méléagant et le met à mort. Dans le *Lanzelet* d'Ulrich von Zatzickoven, il prend l'apparence d'un héros épique, recueilli par une merfeine, et s'implique dans de multiples aventures amoureuses et guerrières. Dans le roman en prose du début du XIIIe siècle, son père est le roi Ban de Bénoïc, qui tient la marche entre la Gaule et la petite Bretagne. Le héros, à la mort tragique de son père assailli par Claudas de la Déserte, est recueilli par une fée, une Dame du Lac, du nom de Niniène, qui veillera sur son éducation et le conduira à la cour du roi Arthur pour qu'il y soit adoubé. Dans les *Merveilles de Rigomer*, Lancelot, dans la veine du *Lanzelet*, est un chevalier de la Table ronde qui, répondant au défi d'une étrange demoiselle, se lance dans la quête d'un pays merveilleux.

Deux figures de Lancelot se partagent les textes dont il tient la vedette. Dans la plus archaïque, il assume la fonction de guerrier errant, aventureux, étranger à la courtoisie, donc à l'amour pour la reine Guenièvre. Dans la seconde, il est l'amant de la reine Guenièvre, qu'il aime et sert avec une fidélité constante, malgré les tentations charnelles les plus diverses.

Dans l'une et l'autre des branches narratives, son destin de chevalier orphelin de père, de nourrisson d'une dame des eaux, de chevalier sans terre, de champion hors pair plus ou moins prédestiné, scelle l'unité narrative du personnage.

Le roman courtois a pris sans doute, avec Chrétien de Troyes, le relais du conte féerique, mais cette transformation n'a pas aboli la forme initiale, qui a continué à survivre au XIIIe siècle, notamment dans les *Merveilles de Rigomer*.

D'après René Bansard, *Banvou* serait le descendant toponymique de *Bénoïcum* et le nom de Ban proviendrait du mot germanique *Bannum,* qui désigne une institution d'origine germanique. [38] Selon un transfert extrêmement banal, le nom de l'institution se serait investi dans un territoire régi par elle, puis aurait offert à l'imaginaire romanesque le nom mythique d'un roi gouvernant ce territoire. Comme l'écrit avec amusement J C Payen, on a pris Le Pirée pour un homme.

---

[37] La pléiade, P.42

[38] Dans *le lexique historique du M.A.*, René Fédou analyse l'évolution de ce terme germanique. D'abord expression abstraite du pouvoir, de l'autorité royale, le mot s'étend aux pouvoirs diversifiés des grands dignitaires. L'auteur ne signale pas le mot ban comme désignant une juridiction territoriale, acception sur laquelle se fonde l'hypothèse Bansard Payen.

Le dictionnaire étymologique de Dauzat [39] ne suit pas cette hypothèse et indique que Banvou aurait pour origine un étymon *Banv*, appartenant au breton, et désignant le porc. [40]Ainsi, Banvou serait l'équivalent de *porcherie*. Toutefois, les auteurs du dictionnaire toponymique de la Bretagne considèrent que cette racine bretonne n'apparaît pratiquement jamais en toponymie. C'est pourquoi je la crois douteuse, même si le Domfrontais a été longtemps sous domination bretonne et même si le porc sauvage (*porcus singularis*), à savoir le sanglier, joue un rôle de premier plan dans les textes gallois qui racontent les aventures merveilleuses d'Arthur.

Il est relativement facile, quand on connaît les principes de Dauzat, de discerner pourquoi le grand linguiste a privilégié cette racine bretonne. C'est très probablement la présence du V dans la seconde syllabe (labio dentale sonore) qui a représenté le critère décisif de son choix. En effet, l'inscription ancienne *Banvo,* (1199) contient le phonème V incontournable pour un linguiste. L'histoire de ce phonème consonantique constitue sans aucun doute la clef du processus de transformation phonétique.

Un facteur déterminant en toponymie est l'aire d'occupation territoriale des peuples. Un peuple donné laisse des marques de son idiome sur l'espace qu'il a occupé L'occupation franque en Basse Normandie est encore mal connue. Les auteurs s'accordent à considérer que les nouveaux occupants ont eu une prédilection pour les grandes vallées qui offraient une pénétration facile et ne s'aventuraient guère dans les zones forestières et périphériques de leur royaume centré sur Paris. [41]

Les instances du pouvoir germanique sont essentiellement le *pagus* et le *comté*. Le pagus ne fait que prolonger l'entité gauloise qui unifiait un groupe humain à un terroir. Le *bannum* semble exceptionnel. Les noms de lieux basés sur *bannum*, dans le dictionnaire de Dauzat, sont d'ailleurs peu nombreux et sont tous, sans exception, concentrés dans l'Est de la France actuelle, par conséquent dans l'espace frontalier d'influence rhénane :

Bambecque, Nord
Ban de l'Aveline, Vosges
Ban de Sapt, Vosges
Ban sur Meurthe, Vosges
Ban Saint-Martin, Moselle

Comme on le constate aussitôt, aucun toponyme de cette série ne se rapporte à l'Ouest.
Certains de ces toponymes sont même l'objet de controverses entre toponymistes. Ainsi*, Ban de l'Aveline,* dans les Vosges, serait, selon F.Falc'hun, non pas le « bannum »de la noisette, donc la circonscription de la noisette, mais le « promontoire du moulin » [42]. Le nom du moulin en gaulois(velin), ayant été confondu avec le nom de la noisette.

---

[39] A. Dauzat C. Castaing, *Dictionnaire des noms de lieux de France* Larousse

[40] C'est peut -être pourquoi J. C Payen écrit que Banvou est un nom celtique *(La légende arthurienne et la Normandie,* p. 11)

[41] Dans l'ouvrage collectif *l'histoire de la Normandie,* Lucien Musset , après avoir souligné l'obscurité de la question, écrit que la Normandie ne fut pas submergée par un brusque déluge d'envahisseurs

[42] F.Falc'hun, *Les noms de lieux celtiques,* p. 162

Dans la fiction du roman en prose du XIIᵉ siècle, ou XIIIᵉ siècle, le roi Ban de Bénoïc est un souverain gaulois [43], il a donc vécu antérieurement aux invasions germaniques en Gaule, lesquelles n'ont ainsi aucune inscription dans le roman. Les rapports de forces géopolitiques dans le champ de la fiction romanesque mettent aux prises des princes bretons et leurs alliés, réunis autour d'Uther Pendragon et de son fils Arthur, aux grands dignitaires et aux peuples alliés à Rome. Claudas de la Déserte, un prince biturige, coalise sous son autorité le camp romain. Le dispositif politique exposé dans le roman prolonge en quelque sorte la répartition des forces mondiales contenue déjà dans *l'Historia Regum Britanniae* qui est décidément la référence fondatrice de la littérature arthurienne.

Le roi de la marche entre Gaule et Bretagne la Menour (l'Armorique), le roi Ban de Benoïc, appartient au camp arthurien, donc breton. Il faut relever que cette alliance lui permet de vivre en bonne intelligence avec ses voisins de l'Ouest, mais qu'il est étranger à la culture et à la langue bretonnes, qu'il côtoie cependant de fort près. Le personnage de Ban reflète en quelque sorte la différence entre Gaule et Bretagne., au plus près possible de leur jonction spatiale, politique et culturelle.

Vers une hypothèse nouvelle du toponyme Banvou

Pour lever des difficultés phonétiques, j'ai pensé à une origine étymologique purement celtique, en m'appuyant à la fois sur les travaux du celtisant François Falc'hun,[44] auteur d'ouvrages passionnants sur les noms de lieux celtiques, et sur une étude de Dauzat dans son livre sur la toponymie française, prolongeant une analyse de Joseph Lot parue dans la *Revue celtique* [45].

Après y avoir longuement réfléchi, j'ai pensé à un nom composé qui serait **ban vobhéro.*

Le rapprochement de la forme *Ban* et de la forme *Vobhero* a été le déclic qui permettait la mise en chantier de mon hypothèse. Pour que ce rapprochement ait une validité, il fallait que ces deux bases, *Ban* et *Vobhero*, appartiennent au même idiome indo-européen, autorisant la création de l'appellatif, « pétrifié » ultérieurement en toponyme.

D'autre part, Banvou semble bien être un *hapax,* c'est à dire un mot n'ayant qu'un seul représentant connu.[46] Je ne me risquerai pas à expliquer cette unicité, mais l'ancienneté du toponyme, ancrée dans son caractère sacré, plaide plutôt pour sa pérennité dans la durée historique. On pourrait comparer avec le toponyme *sequana,*

---

[43] En effet, si Ban de Bénoïc est le roi de la marche entre La Gaule et la petite Bretagne, il appartient à une entité autonome, mais intermédiaire entre ces deux grands blocs .Comme Lancelot, fils de Ban, ne parle pas la langue insulaire, j'en déduis que, dans la visée de l'auteur, le royaume de Bénoïc se rattache à la mouvance culturelle de la Gaule continentale. Gauvain, en renseignant la reine Guenièvre sur l'identité de Lancelot, lui déclare *: forstant que je sai bien qu'il est del païs de Gaule, car moult en parole droit la parleure*. Toutefois je sais de façon sûre qu'il est bien du pays de Gaule, car il parle cette langue de façon tout à fait impeccable (*Lancelot* tome VII, p.274). Je ne partage donc pas la position de Jean Markale qui considère Lancelot comme armoricain.

[44] F.Falc'hun *Les noms de lieux celtiques* Editions Armoricaines.

[45] A.Dauzat, *La toponymie française*, p. 110 et suivantes.

[46] La forme *banou* représente sans doute la forme simple de Banne, hauteur, que l'on retrouve dans des toponymes semblables comme Banon, dans les Basses Alpes.

qui désigne le nom sacré de la Seine dans l'Antiquité. Ce toponyme pré indo-européen s'est conservé, et n'a donc pas subi la mutation gauloise changeant le groupe QU en P (*Equus* se changeant en *epos*, *quattor* en *pettor*, etc). Si le mot sequana a échappé à la mutation, c'est sans doute que le toponyme, pré indo-européen, était déjà solidement fixé et échappait ainsi aux lois phonétiques spontanées des langues celte puis gauloise. Le nom du fleuve ayant un caractère sacré [47], aucun remplacement ne pouvait affecter le toponyme, qui fonctionne alors hors système.

Je conjecture par conséquent que le mot composé **ban vobhéro*, se fixant très vite en toponyme, a trouvé dans cette fixation le moyen de résister à des substitutions toponymiques dans le cours de l'Histoire.

Le mot *ban* appartient à la langue protoceltique ancienne, à la *koyné* celtique, et veut dire hauteur rocheuse, colline, éminence, promontoire. Il est représenté en gaélique sous la forme *Fan.* et en brittonique sous la forme *Gan.* En Irlande, cette forme devient *Bend*, ou *Benn*. Dauzat et Falc'hun citent des exemples de lieux contenant cette base panceltique. Son implantation est donc antérieure à la dialectisation/différenciation de la *koyné* celtique.

Ban aurait par conséquent appartenu à la langue indo-européenne primitive, véhiculée par des Proto celtes, avant les différenciations entre les familles Gaélique, Brittonique, Pontique et Celtibère. [48]

Cette langue protoceltique originelle, son foyer de formation, son expansion dans l'espace, et ses modes de progression sont aujourd'hui encore des énigmes pour le savoir scientifique. Ainsi, à l'âge du bronze, entre le second et le premier millénaire, un même idiome indo-européen aurait embrassé l'espace entre l'Irlande et les Alpes. L'archéologie montre ensuite une avancée civilisationnelle vers l'an 600 avant Jésus Christ, au moment où le fer commence à concurrencer victorieusement le bronze dans la production des outils, des objets et des armes. La possession du fer constitue un atout décisif grâce à la possibilité de produire plus vite et davantage d'objets dans la même unité de temps, donc avec une efficacité accrue sur le plan technologique.

La métallurgie du fer ruine le système des acheminements traditionnels de l'étain à travers l'Europe, depuis les sources d'extraction dans les îles britanniques jusqu'aux ateliers méditerranéens qui le manufacturent en objets pour les vendre à leurs clients.

Les Gaulois ont remarquablement assimilé les innovations révolutionnaires du nouveau métal. Ils commencent alors à occuper l'espace continental indo-européen, appelé parfois ligure, et leurs tribus se répartissent rapidement les terroirs. Leur langue indo-européenne favorise leur expansion. Les populations indigènes sont vaincues, assimilées, massacrées ou réduites à l'exil.

Quant au nom **vobhéro,* également indo-européen, il signifierait marécage, puis cours d'eau et enfin torrent sous l'influence du mot *gave*. La pluralité des acceptions sémantiques signalées par Dauzat serait par conséquent diachronique, et la plus ancienne(*marécage*) correspondrait précisément à la situation géographique de

---

[47] Un culte était rendu à *Dea Sequana*, notamment aux sources du fleuve. Le christianisme lui surimposa un Beatus Sequanus. Raymonde Reznikov, *Les Celtes et le druidisme*, éditions Dangles1994

[48] Bernard Sergent, *les Indo-européens*, Bibliothèque scientifique Payot, 1996

Banvou [49]. Par évolution de sens, l'antique notion d'eau marécageuse, support de la croyance religieuse, se banalise en cours d'eau, puis en torrent. L'évolution sémantique semble aller dans le sens d'une accentuation de la vitesse du flux aquatique. Le dénominateur commun de ces trois variantes sémantiques est, bien entendu, la présence de l'eau, désignée par son aspect naturel, utile soit pour sa valeur défensive, soit encore pour sa valeur religieuse. Bien entendu, les deux représentations se rejoignent et peuvent coïncider. *Banvou* serait donc « *la colline du marécage* », ce qui correspond tout à fait à la physionomie du site.

Le mot *vobhéro,* d'origine indo-européenne, est lui-même composé du préfixe *Vo* (en grec *upo,* sous) et du mot *bhéro* qui désigne l'eau [50]. *Vobhero*, selon Dauzat et Lot, serait l'eau du dessous, donc l'eau profonde, chtchtonienne. On repère ici l'idée que l'eau superficielle, de surface, recouvre comme une pellicule une eau viscérale qui est la matrice des germes de vie, donc de régénération, et le séjour des divinités du monde inférieur. Or, le marais de Banvou possède des sources qui affleurent, dont celle de saint Ernier qui est l'objet d'un culte ancien. Sur le plan mythique, c'est dans cette eau profonde que vivaient probablement les divinités du monde inférieur, comme les nymphes, merfaines, mélusines, dames du lac, netuns et ondins. La source émanant du marais est tout naturellement désignée pour avoir une valeur sacrée puisqu'elle représente le débouché du monde inférieur vers le monde supérieur. Le culte rendu à saint Ernier a sans doute remplacé celui d'une divinité celtique, ultérieurement romanisée. Ces données corroborent assez bien ma communication au colloque sur l'eau à Bagnoles de l'Orne et confirment *l'arkhé* de Lancelot comme Ondin, idée brillante et féconde que G.Bertin a mise dans ses livres que nos lecteurs connaissent bien. [51]

L'archéologie récente des sanctuaires gaulois confirme l'importance des marais dans les croyances gauloises.

C'est notamment le cas du grand sanctuaire de Gournay sur Aronde, dans l'Oise. Le temple est situé sur un versant dominant un ancien étang marécageux. [52] La distance entre l'entrée du temple et la surface du marais n'est que de quelques dizaines de mètres. Une « voie sacrée » part du centre du temple vers le marais. Cette ligne suit de très près celle qui relie le temple au lever du soleil au solstice d'hiver. Sa structure architecturale se différencie quelque peu des sanctuaires belges érigés sur des points beaucoup plus hauts, mais presque toujours eux aussi en relation avec la présence de l'eau.

---

[49] Il en est de même pour Banville, dans le Bessin, Un promontoire, occupé par un campement, puis par un château, domine un vaste marais. Les traditions locales y voient un château Gannes. Rappelons que Bohort de Gaunes, ou Gannes, est le frère de Ban de Benoïc. Quant au père de Lanzelet, Pannt de Genewis, il se comporte tout à fait comme un seigneur Gannes, exerçant la terreur dans le voisinage, et encourt, par sa mise à mort, le même dénouement sanglant.

[50] Il est très probable que la consonne initiale V ait été prononcée W. Toutefois, cette articulation, notée graphiquement par le V latin, aboutit normalement à la labio dentale V.

[51] C'est dans le *Guide des chevaliers de la table Ronde en Normandie*, notamment, que s'est fortifiée en moi cette idée directrice, qui me permettait notamment d'établir une connexion féconde avec cet autre ondin qu'est Aristée.

[52] *Archéologie de la France* P.286
« Les auteurs antiques nous apprennent que les Gaulois voyaient dans les étendues d'eaux mortes le séjour de leurs Dieux ». Jean Louis Bruneaux

La préposition *Vo,* équivalent celtique du grec *upo* qui a donné le latin *sub,* figure dans un très grand nombre de toponymes comme *Vougeot, Vouvray*, etc.

Esquisse de l'évolution phonétique

Comment expliquer l'évolution phonétique de **Ban Vobhéro* à Banvou ?

Vobero est un proparoxyton,[53] donc accentué sur la première voyelle O. La chute de la voyelle post tonique E entrave la voyelle tonique O qui, par conséquent, ne se diphtongue pas. À ce stade, on prononce ** BAN VOBRO*. La frontière syllabique passe entre VOB et RO. Le mot composé est, à ce stade, trisyllabique, avec un accent principal sur O et un accent secondaire sur la voyelle initiale A.

La voyelle initiale A, entravée par la nasale N suivie de la consonne V, conserve normalement son timbre initial (le mot *ban* se nasalise avec la voyelle nasale *an*).

L'évolution se poursuit par le passage de B à V. Il s'agit désormais de la perte d'occlusion de la consonne, donc d'un affaiblissement articulatoire classique, d'où **Ban Vovro*, puis **Banvovre*. Le phénomène de la mutation de BR en VR est signalé par Bourciez dans son *Manuel Phonétique du Français* [54]. La seconde consonne V est assimilée par la première consonne V jusqu'à son amuïssement total, et achève ainsi son processus de disparition, aboutissant à *Banvore*.

D'où la forme écrite attestée *Banvo* en 1199, signalée par Dauzat dans son dictionnaire, qui anticipe la chute du R final, sans doute déjà très affaibli dans la prononciation normande locale, de sorte que le scribe aura négligé de le noter.

À ce stade, deux formes orales sont en concurrence, l'une persistant à faire entendre le R final affaibli, et l'autre, par économie, évitant cette consonne vibrante finale.

Notons qu'en linguistique française, la consonne finale R a eu tendance à s'amuïr. Les parlers locaux normands connaissent des expressions comme *J'ai pou* pour *J'ai pour* (j'ai peur).

C'est au cours du XIIIe que la voyelle finale O prendra le timbre OU, avant la chute définitive du R final qui l'entravait. Cette transformation a été favorisée par des phénomènes de dialectologie normande. Le graphème *ou*, notant un phonème vocalique unique, sert ainsi à rendre compte du phonème (Ou), en l'opposant à U qui note, en opposition avec le latin, la voyelle palatale bilabiale (ü) s'opposant à (I), son correspondant palatal non labial. Le lecteur non familiarisé avec la phonétique comparera la prononciation des trois mots *fous, fi et fût*.

Cette nouvelle hypothèse a, selon moi, l'avantage de rendre compte de la présence de la consonne V qui est attestée dans la forme écrite ancienne, et des raisons linguistiques de sa pérennité.

1 Ban vobhero
2 Ban vobro
3 Ban vovre
4 Banvore
5 Banvor (forme écrite attestée Banvo)
6 Banvour
7 Banvou

---

[53] Pour les lecteurs non linguistes, le mot proparoxyton est accentué sur l'avant dernière voyelle du mot. Cette voyelle, renforcée par l'accent, peut se modifier, mais ne disparaît pas comme voyelle au cours de l'histoire du mot.

[54] p.171

Cette nouvelle hypothèse étymologique permet de reconstituer Banvou sur des bases purement celtiques anciennes, et d'offrir une correspondance saisissante entre toponymie, topographie du site et données de sa mythologie.

Sur Benoïch (Benoÿc)

La forme *Benoïch,* première occurrence du texte arthurien,[55] me parait être par conséquent une création savante purement littéraire. L'auteur a sans doute cherché, dans un but de couleur archaïsante, un mot qui « fasse gaulois » avec une terminaison en *ic.* Le suffixe en *ic* est le même que celui de Corbénic [56], le château où le Graal est conservé dans *Erec.* Chrétien, comme par jeu, inventera de la même façon un certain Caveron de Roberdic, flanqué du fils du roi Quenedic. Le suffixe ic paraît dévolu à forger des noms de royaume de fantaisie connotant l'antique temps des Gaulois.

La graphie en *ich,* traduisant une prononciation chuintante, atteste une forme picarde. Elles sont nombreuses dans le texte. Mais la forme francienne *Benoÿc* est également très attestée dans le roman. En fait, les deux graphies sont en concurrence. Le graphème *ÿ* semble marquer, de la part du scribe, soit la marque de la palatalisation du *i* dans la prononciation, ou tout simplement un effet ornemental de calligraphie. Le tréma sur le Y paraît signaler le hiatus entre le O et le Y. Signalons aussi que Benoyc est également le nom d'un personnage au service de Gauvain. Le domestique porte souvent le nom de son origine géographique, tel le valet Bourguignon dans Marivaux.

En effet *Benoïcum* impliquerait, si le mot subissait l'évolution populaire, que le i germanique passât à yod, d'où *Benojco.* Le yod conditionnerait alors la diphtongaison du *o* accentué qui se résout à *UI* dans le cas d'un o ouvert, ou de *OI* dans le cas d'un o fermé.

On aurait donc aujourd'hui *Benui* ou *Benoi,* mais en aucun cas *Banvou.*

Quant à la forme *Banvoicum,* mentionnée par Payen dans son article, elle ne correspond pas aux formes écrites du texte arthurien (*Benoïch, Benoÿch, Benoïc*) qui ignorent toutes le V bilabial après la consonne nasale N. Aucune des occurrences recensées par A. Micha dans le *Lancelot* [57] ne contient cette consonne V.

La préposition *Vou* signifie *sous, dessous.* Elle a été très productive en toponymie indo-européenne.

F. Falc'hun signale par exemple le nom du sous-bois, *vo ceton* en toponymie celtique. [58]

Mon hypothèse permettrait de faire coïncider la topographie et la toponymie à partir desquelles se construit l'imaginaire mythique d'un site.

Je crois en effet que l'imaginaire se développe dans une recomposition fantastique du réel. Le réel est *pris* comme catalyseur dans une alchimie complexe et entre en résonance active avec le travail des archétypes transmis et transformés par la culture. Le concept de trajet anthropologique de G. Durand rend bien compte du processus. Les archétypes sont

---

[55] *Lancelot,* page 1 tome VII, édition critique par Alexandre Micha

[56] Probablement, si l'on interprète F.Falc'hun, un marais béni, sacré, qui correspond aux croyances celtiques archaïques. Le mot celtique *cor,* marais, a été ensuite influencé par le latin corpus, d'où corps béni. Dans la Côte d'or, on rencontre même un toponyme *corsaint,* lié à un culte local de Saint Jean. Mais l'interprétation se complique du fait que cette racine *cor* est polysémique.

[57] Tome IX.

[58] F.Falc'hun avec la collaboration de B.Tanguy, *Les noms de lieux celtiques Nouvelle méthode de recherche en toponymie celtique* Editions armoricaines Bourg blanc.

des schèmes psychiques extrêmement stables, reproductibles, de véritables hiéroglyphes polyvalents de l'imaginaire. Ils manifestent une grande généralité psychique et une capacité plastique surprenante à se réinvestir dans des productions culturelles diverses et hétérogènes. Les archétypes opèrent nécessairement dans le temps long pour s'articuler à des phénomènes plus évolutifs et plus amovibles, agencés sur une temporalité plus courte et qui se structurent dans des formes culturelles, dans des configurations contradictoires de rapports sociaux. Organisés en systèmes-matrices, ils déterminent les dynamiques historiques, les pratiques sociales, et les événements, phénomènes de rupture qui se manifestent en permanence dans le vécu des groupes humains.

Le mot vieux celte *Ban* contient-il une spécification sémantique ? On ne peut avancer dans ce problème que par l'analyse des sites contenant cette base.

L'ouvrage de F. Falc'hun libère des pistes pour avancer dans cette direction.

La *banne d'Ordanche* domine la Bourboule, ville d'eaux thermales et ancien sanctuaire du dieu gaulois Borvo, qui est une divinité de la santé par l'eau guérisseuse. *A-vanne*, selon Falc'hun, est au pied d'un promontoire fortifié pour la défense de Besançon. *La Vanne*, près de Reims, est une ondulation de terrain qui paraît liée au système défensif de la ville sacrée des Rèmes, qui se perpétuera dans la ville traditionnelle du couronnement des rois de France. Ce qui ressort de cette esquisse d'enquête, qui demanderait à être développée, c'est peut-être que le mot *banne* était connoté par des fonctions religieuses et/ou de sécurité militaire. Pour nous résumer, *la banne* serait la hauteur en connexion de sens avec un espace de l'eau reconnu comme éminemment utile à la collectivité.

Plusieurs fonctions anciennes du *point haut* dans le paysage terrestre me paraissent être d'une part l'observation des lointains, la surveillance des activités humaines et la détection d'une agression. Ces trois fonctions sont des préalables au refuge de la communauté en cas d'agression. Ces fonctions sont intimement liées. La détection d'une agression implique en amont l'observation de l'environnement. D'autre part, si le lieu est sacralisé, il est mis sous la protection des puissances divinisées. Il est évident que ces fonctions sont accrues quand l'espace est celui d'une marche, d'une frontière [59], c'est-à-dire de territoires en contact immédiat avec l'ennemi. La prise du

---

[59] Mme Elisabeth Deniaux, dans son article passionnant sur Lonlay à l'époque romaine, souligne que l'abbaye de Lonlay est située au carrefour de trois civitates gauloises ; les Viducasses au nord, les Diablinthes Aulerques au sud et les Abrincatui à l'ouest. *Lonlay l'Abbaye*, Art de Basse Normandie N° 111, 2ᵉ trimestre 1997. Elle s'interroge entre autres sur l'étymologie de l'Egrenne, qu'elle soupçonne de provenir d'une racine gauloise. On peut davantage penser à une racine pré indoeuropéenne *ar*, étudiée par A.Dauzat, et qui est très abondante en hydronymie. Elle désignerait l'eau courante. Elle s'est agglutinée à de nombreux suffixes. La clef du problème est peut-être dans l'hydronyme *Aigre* ; en Eure et Loir, qui est mentionnée en *Egrea, Ogra*, et aussi *Esgrenna* en 1131.Varenne, varinna, proviendrait de la racine *Vara*, qui est un des noms de l'eau dans une langue préceltique, avec une connotation d'eau bourbeuse, sablonneuse, alluviale. La garenne est un parc à gibier, lieu sauvage, et la v*araigne* l'orifice d'un marais salant. A.Dauzat, *la toponymie française*, p.116.

Dans le roman de *Lancelot, la praerie de Benoÿch* est située *entre Loirre et Arsie* (tome VII, p.21). Le premier hydronyme désigne sans doute la Loire, frontière méridionale de la marche traditionnelle entre Gaule et Armorique selon une ligne nord sud joignant Dol à Nantes. Le second hydronyme Arsie, où se repère la racine *ar*, pourrait alors désigner l'Egrenne, qui provient de cette racine, avec peut-être, par un jeu de la lettre, l'apport de Varenne. La première syllabe *ar* est toujours fortement identitaire. Il est curieux de remarquer que cet hydronyme, qui sert de repère frontalier, veut aussi dire *la brûlée* (arse), les essarts sont des brûlis. Deux autres cours d'eau du département de la Mayenne contiennent cette racine très prolifique. L'hydronyme *Mayenne* reste impénétrable. Il n'est pas exclu qu'il soit en rapport avec une base *May*, ou *Magn*, qui signifierait marais d'après Falc'hun qui cite *Meigné* (Maine et Loire) et *Maigné* (Sarthe) sur la Gée. La proximité géographique de ces trois toponymes plaiderait plutôt pour notre hypothèse. Quant au suffixe *enne*, il représente *onna,* qui est un mot très ancien désignant l'eau courante.

point haut sanctionne la défaite de l'entité sécurisante [60]. Il semble logique de penser que le souverain vaincu, dépossédé de sa capitale, doit expier de sa vie la perte de l'espace sacré.

De surcroît, l'interconnexion des points hauts pour la transmission des messages par des signaux optiques était connue des Gaulois. César nous rapporte cette technique des relais qui était d'une grande efficacité. Il semble que le pouvoir normand en Cornouailles ait récupéré ce dispositif de communications mis en place par les Celtes. Ainsi, Tintagel et Lantien semblent reliés par des *hill forts* de transmission. Le tertre de Bossiney Mound, à la sortie de Tintagel, aurait eu cette fonction de surveillance et de transmission. C'est Robert de Mortain qui en aurait décidé la construction [61]. La densification des sites arthuriens sur le parcours nord-sud de cette messagerie suggère l'idée que le réseau dépendait de l'autorité clairvoyante des rois celtes que les chefs normands ont été trop heureux de reprendre à leur compte. Un débarquement sur la côte nord ou sud était vite connu par ce système de transmission ingénieux reposant sur l'échelonnement géographique des points hauts et la portée immédiate d'un regard humain. Les routes, qui empruntaient le plus souvent les points hauts, se construisaient aussi sur cette ligne de crêtes.

Le roi Ban est donc, à l'origine, le gardien de la marche, le souverain qui, en haut du tertre, détecte et observe l'avancée de l'ennemi. [62] Son pouvoir est donc lié à la sécurité collective. Cette fonction du regard est mise en abyme dans le scénario tragique de sa mort. Dans la lumière de l'aube, Ban de Bénoïc monte seul sur une colline qui fait face au lac et constate douloureusement l'incendie de sa capitale. Il meurt de cette souffrance insupportable, mais la fée du lac intervient et sauve l'enfant. L'eau, entité de la Sophia primordiale, est la suprême salvatrice, et prend symboliquement le relais du père défaillant ou absent, mais garant de l'avenir du lignage de souveraineté [63].

Je rappelle succinctement les grands axes de mes travaux :

1 En partant de l'indication fondamentale sur l'origine ondine de Lancelot, j'ai recherché si un personnage d'ondin dans l'héritage culturel indo-européen permettait de commencer à penser une *unité* mythologique du site de Banvou. Bien souvent, l'unité structurelle d'un *topomythe* ne se découvre que par une visée dans l'archaïsme, avant que des transformations n'interviennent pour obscurcir la lisibilité primitive du phénomène

2 Le personnage virgilien d'Aristée, emprunté à la mythologie grecque [64], mais transposant, selon moi, la morphologie d'un conte gaulois ancien, issu du fonds indo-européen, répondait assez bien aux conditions du problème. Le héros est jeune, aventureux, fils d'une nymphe des eaux subaquatiques, et d'un père ouranien et so-

---

[60] Chez Aristote, *Rhétorique*, la sécurité (*asphaleias*) est un des éléments constitutifs du bonheur, *eudaimonia*.

[61] Felicity Young and Michael Williams, *King arthur in the West*,

[62] dans les *mabinogi*, le roi Arthur est encadré par des guetteurs qui apparaissent comme des officiers importants de sa cour.

[63] Dans le *Mahabharata*, le père ouranien Arjuna laisse mourir au combat son fils ondin, sans lui porter secours.

[64] Dans Pindare, la princesse Cyréné, qui épouse Apollon, n'est pas encore représentée comme une ondine. C'est une sorte d'Amazone, de princesse guerrière qui succombe, comme Penthésilée pour Achille, au charme du Dieu lumineux. J'avance l'idée que le passage à la nymphe des eaux s'effectue chez Virgile sous l'influence d'un conte celte.

laire, le grand Apollon lui-même. Mais le père n'intervient pas en faveur de son fils, qui ne reçoit de secours que de sa mère. Cette donnée, déjà à l'œuvre dans le Mahabharata, est constitutive du mythe fondateur qui aboutira à la genèse médiévale de Lancelot.

Jean Markale, qui voit dans Lancelot, après Loomis, un descendant des dieux souverains celtes, ne prend pas suffisamment en compte le mythe de l'ondin. Je pense que la mythologie de Lancelot se situe davantage dans une structure de héros, de fils de souverain, plutôt que du souverain lui-même. La fiction est plus à l'aise dans le destin des fils héroïsés que dans celui des pères qui, dieux souverains, incarnent les messages sacrés du mythe. Ce positionnement familial n'empêche pas que le héros n'investisse des traits paternels, mais ils restent relativement secondaires quant au sens fondamental du mythe.

Je pense que la genèse de Lancelot du Lac n'est possible que par la jonction, dans la culture normande, de deux grands mythes, celui de Gannes, seigneur solaire et prédateur, maître du Ban, dévolu au rôle de père coupable, et de la mère ondine, dame du Lac, éducatrice et protectrice. Par la coutume du *fosterage*, il a été possible de dédoubler la figure maternelle, l'une prenant en charge la maternité humaine, et l'autre se dévouant à la maternité surnaturelle. Ce dédoublement correspond pleinement à la croyance populaire des enfants de fée, qui montre le désir des fées de posséder, souvent pour les protéger, les nourrissons des hommes.

3 Ce superbe récit du maître de Mantoue met donc en scène un personnage qui bénéficie in extremis d'un secours maternel, pour avoir transgressé des tabous sur la sexualité socialisée. La vengeance des Dieux l'a privé de ses chères abeilles qui meurent les unes après les autres. En effet, Aristée est responsable de la mort de la belle Euridice, mariée à Orphée, piquée par un serpent marécageux tandis qu'il cherchait à la violer. Aristée encourt ainsi une culpabilité qu'il devra racheter par un sacrifice. C'est auprès de la mère surnaturelle qu'il trouve le rachat. La mère organise en effet sa rédemption sacrificielle. D'autre part, Aristée est faiseur de pluie [65] dans les moments de grande sécheresse, comme à Banvou où Saint Ernier officie pour faire tomber la pluie. Il y a tout lieu de penser que cette prérogative est un don maternel, qui compense l'action caniculaire et agressive du père ouranien. Ce mythème, évoqué par Virgile dans la Géorgique IV consacrée aux abeilles, se retrouve donc pleinement dans la figure de saint Ernier. Il y a, dans le MA chrétien, conservation du mythème dans la recomposition religieuse de la figure surnaturelle qui est dispensatrice de la pluie. La culpabilité sexuelle du héros est moralement impossible dans le cas d'un saint du christianisme, mais le motif du bras amputé montre que le saint a sacrifié son intégrité physique, s'est *méhaigné*, afin de nous sauver de la mortelle sécheresse. Il a pris sur lui la souffrance pour nous gratifier d'un bien.

4 Je pense donc à l'existence d'une sorte de petit fanum gallo romain installé sur le tertre et muni d'une vigie d'observation,[66] conduisant, par une voie sacrée, à la fontaine initiatique et bénéfique, en gérant ce mythe évoqué par Virgile, récupéré par le christianisme par une dissociation /recomposition des divers constituants. Il est

---

[65] Aristée, héros civilisateur, avait apporté une pluie providentielle sur l'île de Cea, mythe auquel Virgile fait une rapide allusion au livre premier des Géorgiques.

[66] Le vieil Anglais possède un mot probablement d'origine celtique, *totstan*, qui s'interprète comme rocher observatoire, selon F.Falc'hun. *Nouvelle recherche en toponymie celtique*, p.33.

probable que ce fanum de petite dimension était l'héritier d'un petit temple gaulois architecturé sans doute sur le modèle de Gournay sur Aronde. Situé en hauteur, délimité par un fossé et une simple palissade, il devait posséder un porche (*durum*) qui faisait face au marais.

Dans son ouvrage *Canicule* [67], Georges Walter mentionne avec précision les cultes rendus aux espaces aquatiques. Il analyse par exemple les pèlerinages accompagnés de libations au lac de Saint Andéol dans le Massif Central jusqu'au VIe siècle. Les offrandes jetées dans le lac, notamment les pièces de vêtement, appartiennent curieusement au monde masculin, comme si le remerciement par l'ex-voto ne concernait que des fautes masculines. La fête devait se terminer par la pluie torrentielle, motif qui appartient pleinement à la structure globale du mythe. Le fils sacré, racheté par l'intervention maternelle, libère sa puissance bienfaisante en répandant abondamment la pluie. Cette manifestation orageuse clôture la fête qui dure trois jours pleins.

Saint Andéol et Banvou

La mythologie de Banvou s'apparente à celle de Saint Andéol. Le saint normand, amputé de son bras, [68] donc *méhaigné*, a souffert, a pris sur lui une blessure, et s'est offert par charité au sacrifice Par ce sacrifice, il acquiert la puissance capable de répandre la pluie, en faisant triompher sa loi sur celle du soleil implacable.

Georges Walter rapproche avec pertinence la date de Saint Andéol, le 1er mai, de la fête de Beltène, consacrée en Irlande à Bélénos le Brillant, le Blanc. Il repère dans le nom du saint la racine *vindo* (blanc), croisée à une autre racine indo-européenne évoquant l'idée d'apparition contenue dans le verbe grec *indallomai,* j'apparais.

En effet, le personnage mythique du fils *apparaît* [69] à un certain point de l'horizon, se dirige alors vers la fontaine maternelle, et reçoit par son sacrifice d'animaux domestiques l'obtention de son pouvoir propitiatoire. Aristée, lui aussi, est une figure de l'errance dans la mythologie grecque. Lancelot, de même, est un héros *défixé*, un fils sans père, un roi sans royaume, un célibataire adultère, un chevalier errant, un parangon de la guerre disqualifié comme champion du Graal.

Le folklore de Saint Andéol me paraît très proche du mythe indo-européen originel que j'ai essayé de cerner. Contre une divinité masculine ouranienne, une divinité féminine aquatique, lacustre, qui a eu des rapports sexuels avec ce dieu, met au monde un héros bienfaiteur, mais coupable de passions, de chaleur sexuelle que la mère devra apaiser par sa protection tutélaire. Le fils se soumet alors à un sacrifice rédempteur qui lui restituera son efficacité bienveillante.

---

[67] Georges Walter, *Canicule,* SEDES, p. 132 et suivantes

[68] Le thème du bras amputé est à rapprocher du mythe de Nuada, ce dieu irlandais qui perd son bras au combat. Un guerrier fomore, Streng, lui inflige cette blessure qui le rend inapte à régner .Pour réparer cette perte, on lui fabrique une main en argent. Il devient Nuada au bras d'Argent. Nuada est sacrifié par Lug après avoir été vaincu aux échecs par ce Dieu souverain

[69] J'avais déjà observé, dans ma communication, cette idée d'apparition du héros en réfléchissant sur le carrefour des routes à Banvou. La comparaison avec Saint Andéol me fournit un nouvel argument en faveur de mon hypothèse.

La dernière partie de ma communication s'employait à montrer, dans l'archéo-logie gallo-Romaine récente, une certaine prégnance du trio père ouranien, mère aquatique et fils héroïsé. Cette matrice mythique très archaïque [70] s'est actualisée se-lon moi dans de nombreuses figures, sans que le mythe, à travers les diverses étapes de sa combinatoire, ait renoncé au sens primitif et fondateur qui plonge ses racines dans le patrimoine indo-européen.

De Banvou à la civilisation des hills forts

Le cas de Banvou illustre assez bien la civilisation des « hills forts » ; collines fortifiées, plus exactement collines occupées et aménagées, à l'origine autour d'un *fanum* d'observation, structure qui domine l'espace humain dans la période proto historique. Cette structure correspond ultérieurement, par une évolution de plus en plus guerrière et économique, aux *oppida* celtiques urbanisés que César dut affronter dans les territoires celtes.

Les Iles britanniques sont typiques de cette culture qui est l'un des substrats an-thropologiques de la légende arthurienne. [71] Ainsi, le site exceptionnel de Cadbury est le type même du *hill fort*. La tradition y place le mythique Kamaalot. Le *hill fort* du roi Marc est, selon la tradition arthurienne populaire, Castledore en Cornouailles du Sud. Ce *hill fort* est de dimensions beaucoup plus modestes. Il constitue la capi-tale du sud du roi Marc, appelé Lantien par Béroul, tandis que Tintagel en est la ca-pitale du nord. Le roi Marc se déplace dans ses deux capitales, l'une ancienne et tra-ditionnelle, Lantien, et l'autre moderne, normande, qui est Tintagel.

Cadbury est probablement apparu dans la phase finale des hills forts à cause de son gigantisme. Son fonctionnement implique une confédération de tribus, des insti-tutions de démocratie militaire (Table ronde ?) avec, à la tête de l'édifice social un roi charismatique, incarnation de la légitimité et possédant les qualités requises pour une fonction si délicate. L'autorité symbolique du souverain est au cœur du système. Les qualités humaines de la personne royale sont indissociables de ses pouvoirs spi-rituels. Le roi est le garant de la bonne marche de son royaume, de son bonheur, donc de sa sécurité. Un roi méhaigné, infirme, donnera une image du monde dégradée, dé-bouchant sur la *terre gaste*. En cas de crise royale, les élites seront questionnées pour rétablir la situation compromise conformément à des codes éthiques et religieux. La succession royale devra même être institutionnalisée dans des rituels et, bien sûr, sur-

---

[70] J'ai tenté d'expliquer que cette triade avait une inscription dans le *Mahabharata*. Ainsi, le fils d'Ulapi la serpente aquatique et d'Arjuna , incarnation solaire, est l'objet d'un culte en Inde profondément lié à l'anthro-pologie du sacrifice. On retrouve cette triade dans Modron, *matrona*, déesse-mère celtique et son fils Mabon, (le fils), et un certain dieu de l'éclair, proche de Taranis… Le couple Apollon et Sirona (Cyréné ?) se situe dans le même mythe.

[71] Je suis conduit à distinguer la légende arthurienne de la littérature arthurienne. La légende est un pro-cessus culturel qui repose essentiellement sur la transmission d'une mémoire sociale, orale et écrite. Mais l'écrit, dans ce processus, est pragmatique, subordonné à la fonction de mémoire ou de lyrisme poétique et festif. L'écrit accompagne l'oralité, la conforte, la fixe, mais ne la transcende pas fondamentalement. Cette efflorescence verbale n'a rien à voir avec l'avènement historique de la littérature arthurienne qui s'inscrit dans des institutions de pouvoir dominées par des clercs formés d'abord à une culture lettrée et supervisés par les souverains anglo-normands. La littérature arthurienne est une production datée. La lit-térature arthurienne passe par le livre, produit d'un auteur et de ses aides. Elle génère notamment un ima-ginaire du livre, de la lettre. La distinction théorique de la légende et de la littérature permet de mieux comprendre leurs figures d'interaction.

déterminée par des récits mythiques. Quelquefois, quand le compromis s'avère impossible, le combat désigne le successeur légitime. Tel est le scénario qui oppose dans une lutte à mort Arhur et son fils Mordret.

Les funérailles d'un tel personnage exigent une somptuosité que les tombes révèlent. Le prince continue de vivre dans l'Autre Monde, accompagné de son épouse quelquefois, et de ses serviteurs, de ses clients. Les objets de son pouvoir et de sa fonction sont tabous et doivent le suivre outre-tombe. Un reflet de cette coutume se lit sans doute dans la séparation d'Arthur et de son épée magique Excalibur, rendue à sa mort aux esprits de l'eau lacustre.

La féodalité est la continuatrice de cette civilisation des *hill forts*, ou des *oppida* gaulois, mais, d'une façon générale, le souverain n'est plus désormais le garant symbolique et corporel de la fécondité saisonnière. Le système économique de prestations dues au souverain ne s'ordonne plus sur un contrat mythique, mais sur des obligations rabattues sur une tri-fonctionnalité revue et corrigée [72]. Le clergé prie, le guerrier protège, le paysan produit. Le seigneur, qui est *miles*, porteur d'armes, légitime ses pouvoirs sur la possession ancestrale, sur la notion juridique d'héritage. Puisque, par ce droit, il possède la terre, il acquiert de ce fait des droits, des coutumes d'homme à homme sur celles et ceux qui vivent de et sur cette terre.

La générosité du roi celte qui dépendait de son statut de répartiteur sacré est contrecarrée par les Capétiens, pour qui le roi n'est pas tenu par principe à la gratitude. Ce clivage idéologique sépare l'univers arthurien de l'univers capétien. Dans la chanson de geste *Le Couronnement de Louis*, le trouvère indique nettement que Guillaume, malgré l'ingratitude de Louis le Germanique, continuera à le servir, car le lien vassalique transcende la personne du roi. Le roi celte, en revanche, vaut d'abord par ses qualités personnelles, physiques et morales. Sa valeur personnelle est un enjeu crucial dans la dynamique du cosmos. Le lecteur pourra suivre les pièces du dossier dans le livre d'Erich Köhler [73] et dans la thèse de Dominique Boutet, *Charlemagne et Arthur* [74].

Le roman en prose de *Lancelot du Lac* représente le roi Ban comme un allié continental d'Uther Pendragon, le père d'Arthur. Ban est un gaulois, et Lancelot, introduit à la cour bretonne par Niniène, la fée tutélaire, se fera remarquer par son langage qui fait écart avec la langue bretonne insulaire.

Le principal problème est l'éventualité d'une référence intentionnelle à Banvou par l'auteur anonyme du Lancelot. Il est évidemment difficile et même périlleux d'étayer cette hypothèse.

Si Ferdinand Lot propose une source à Claudas de la Déserte — ce serait un nom emprunté à une nomenclature de rois d'Éthiopie — il reste muet sur l'origine de Ban et de Bénoïc, et il se contente de les faire dériver d'un emprunt au *Lanzelet* qu'il considère comme antérieur au *Lancelot*. Quant à savoir de quelle source l'auteur suisse se serait inspiré, F. Lot n'a garde de se poser le problème. Seule l'hypothèse Bansard Payen a été en mesure jusqu'ici de faire progresser la recherche, sans néanmoins résoudre la question.

---

[72] G. Duby a consacré à ce problème son livre *Les trois ordres ou l'imaginaire du féodalisme* Gallimard 1979

[73] Köhler Erich, *L'aventure chevaleresque*, Bibliothèque des Idées, Gallimard,1974

[74] D.Boutet, *Charlemagne et Arthur ou le roi imaginaire,* librairie Champion 1992

1 – Chrétien de Troyes ne parle pas des parents de Lancelot, et c'est le vaste roman de la fin du XIIe siècle ou du début du XIIIe siècle qui comblera cette lacune en construisant une généalogie à Lancelot du Lac. Dans *le Lanzelet*, daté par Loomis entre 1194 et 1203, le roi s'appelle Pant (Markale le traduit par Penn, suggérant une analogie avec le breton Pen, qui signifie tête) et le royaume du père de *Lanzelet* s'appelle Genewis.

Comme Ulrich avoue clairement sa dette à Hugues de Morville, et que la captivité du seigneur anglo-normand régicide commence vers 1193, le *Lanzelet*, qui n'est conservé seulement que dans deux documents presque complets, est forcément postérieur à cette date. Un seul manuscrit, conservé à Vienne, date du XIIIe siècle. Les autres sont des manuscrits postérieurs à ce siècle.

La question se pose de savoir si *Lanzelet* a pu influencer *Lancelot,* ou bien l'inverse, à moins encore que les deux textes se soient ignorés. Ferdinand Lot avance la première conjecture, Loomis la seconde. Seule une chronologie précise et sûre pourrait verser des lumières sur cette controverse, or les données manquent pour l'établir.

Si le *Lanzelet* a connu une réception limitée, en revanche le *Lancelot* est un best-seller de la littérature médiévale. Son extraordinaire succès est attesté par de nombreux manuscrits en France comme à l'étranger. Ulrich, qui avait suivi le conte féerique transmis par Hugues de Morville, a pu, avant de publier son roman, bénéficier des apports du *Lancelot*, après ceux de tant d'auteurs antiques ou médiévaux qui nourrissent son texte. Il est possible aussi que les deux manuscrits conservés de *Lanzelet* soient des réécritures au XIIIe siècle d'un prototype abandonné, lesquelles auront suivi la mise en circulation du *Lancelot*, en conduisant Ulrich à s'inspirer de l'autorité narrative du grand roman en prose qui faisait évidemment force de loi auprès du public européen.

Mais une autre hypothèse est à examiner. Le *Welshez Buoch*, que l'auteur suisse aurait reçu de la main d'Hugues de Morville serait une sorte de lai féerique appartenant à cette galaxie médiévale à mi-chemin entre le conte oral et sa mise en écriture. Ce conte merveilleux en vers aurait pu servir de source commune au *Lanzelet* et au roman en prose de *Lancelot*, et c'est encore à lui que Chrétien de Troyes, dans *Le Chevalier de la Charrette,* ferait discrètement allusion. Le scénario narratif de ce lai féerique se retrouverait dans le *Lanzelet*, et les noms parentaux de Lancelot l'ondin y seraient expressément mentionnés. C'est dans ce lai que la quadruple structure folklorique père, mère naturelle, enfant héroïsé, fée salvatrice et éducatrice aurait trouvé sa disposition fondatrice, motrice des enjeux de destin de la « saga » de Lancelot du Lac, pour reprendre l'expression de J.Markale. Je pense également que ce lai féerique, à l'instar du *Lai des Deux amants* recueilli comme normand par Marie de France, s'enracine dans des espaces de la Normandie occidentale. Les analyses de René Bansard, développées par Gilles Susong, commencent à frayer des pistes d'un grand intérêt.

2 – Le nom du père de Lancelot est peut-être dérivé, comme le pensent certains celtisants, de Bran le Béni, figure mythique galloise confondue plus ou moins avec Brennus, le conquérant de Rome. L'épithète *le Béni*, dépourvue de sens religieux, valorise quatre rois d'une insigne destinée dans la tradition galloise. Dans le *mabinogi* de Branwen, il est représenté comme un géant si colossal qu'il ne peut entrer dans

une maison. Comme le roi Ban, Brennus combat la puissance romaine. Le mythe de Bran le béni décline aussi de curieux mythèmes qui rejoignent le destin de Ban de Bénoïc. Ainsi, la tête de Bran, comme un guetteur de l'au-delà, est juchée macabrement au sommet d'un tertre, d'une colline blanche, autrement dit d'un *ban,* d'une hauteur destinée au guet, à une mission de sécurité. [75] L'adjectif blanc fait signe vers Belenos, le dieu lumineux, le brillant.

Le roman d'*Erec et Enide*, premier roman arthurien de Chrétien de Troyes, mentionne un certain Ban de Ganieret, un roi venu aux noces du jeune couple :

> *Vint li rois Ban de Ganeriet*
> *Et tuit furent juesne vaslet*
> *Cil qui ansanble o lui estoient*
> *Ne barbe ne grenon avoient*
> *Mult amena gent anvoisiee*
> *Deus cenz en ot de sa maisniee*
> *N'iot nul d'ax, quiex que il fust*
> *Qui faucon, ou terçuel n'eüst*
> *Esmerillon ou éprevier*
> *Ou riche estor sor ou muier*
>
> *Vint le roi Ban de Ganieret*
> *Et ce n'était que jeunes garçons*
> *Ceux qui étaient avec lui*
> *Ils n'avaient ni barbe ni moustache*
> *Il y en avait deux cents de sa mesnie.*
> *Pas un d'entre eux, quel qu'il soit*
> *Qui ne tint un faucon ou un tiercelet*
> *Un émerillon ou un épervier*
> *Un autour de prix, jeune ou d'âge mûr.*

Cet étrange roi Ban surgit aux noces, à la Pentecôte comme un roi de la jeunesse. Ce roi semble en effet sorti tout droit du folklore. On pense à une sorte de sodalie de jeunes chasseurs, que la perspective de la fête réunit joyeusement autour de leur chef, maître des grandes chasses, Grand Veneur proche de Hellequin le redoutable.

On pourrait rapprocher ce passage d'un épisode du *Lancelot* en prose qui met en scène Ban de Bénoïc revenant du mariage d'Arthur et de Guenièvre. Il est accompagné de ses jeunes vassaux qui mènent joyeuse vie.

Le pays de cet étrange roi Ban est Ganieret. Dans ce nom trissyllabique, il est difficile de ne pas repérer la syllabe initiale *Gane*, emblématique de ce seigneur prédateur qui refuse la loi de l'ordre féodal, qui se sent protégé dans son nid d'aigle, sa *banne* inexpugnable. Genewis, le royaume du père de Lanzelet, pourrait ainsi être rapproché de Ganieret. Genewis ne serait pas une déformation de Bénoïc, mais un doublet réutilisé par l'auteur du lai féerique folklorisé qui a servi de modèle à Ulrich von Zatzickoven. On pourrait voir dans Genewis un *Ganevicus* (*vicus de Gannes*).

---

[75] *Dictionnaire de mythologie et de symbolique celte*, Robert Jacques Thibaud, Editions Dervy

Cette hypothèse rejoint l'idée de Jean Markale qui ne croit pas non plus à une déformation du français à l'allemand. Mais le grand celtisant n'intègre pas dans son analyse la légende de Gannes, qui constitue en Normandie occidentale une structure essentielle du folklore.

Ganieret serait donc le royaume de Gannes, figure légendaire devenue dans les réjouissances populaires une figure carnavalesque conduisant ses jeunes chasseurs, munis d'oiseaux de proie comme une compagnie du papegaut. Le royaume de Ganeriet serait par Ulrich reforgé en Genewis, et le roi Ban refait en Pant.

L'oiseau de proie, faucon, épervier, vautour, émérillon, semble avoir joué un certain rôle dans les fêtes arthuriennes. Le personnage solaire de Gauvain est lié au faucon. Signalons en passant que, dans le conte de *Gereint*, un tournoi dit de l'épervier mobilise la jeunesse aristocratique du Pays de Galles. Un épervier, posé sur une barre d'argent surélevée, est le prix décerné au vainqueur de la joute. Les concurrents doivent être accompagnés de leur bien-aimée. Quand un chevalier a remporté trois années de suite le trophée, il reçoit le titre envié de chevalier de l'Épervier. [76]

Ainsi se comprendrait mieux le fait que Ban de Bénoïc ait un frère, quasiment un double, en la personne de Bohort de Gaunes, ou de Gannes. J C Payen avait attiré l'attention sur l'identité Gannes/Gaunes [77]. La symétrie des deux frères est soulignée dans le roman. Ils sont tous les deux des seigneurs de marches, ils ont épousé deux sœurs, et leurs destins sont étroitement solidaires. Ainsi, Lancelot, Bohort et Lionel auront la même ascendance. Bohort et Lionel redoublent « l'effet de dioscure » déjà en place à la génération précédente. Mais, si Bohort parvient à la sainteté, Lionel, dans un retour du refoulé, finira par sombrer dans la férocité des Gannes à partir de la Quête du Graal en voulant tuer son frère par ressentiment vengeur.

La version du folklore, avec Ban de Ganeriet, aurait donc un doublet lettré dans la figure de Ban de Bénoïc, accompagnant une euphémisation courtoise du personnage, nécessaire chez le grand-père paternel de Galaad. Mais l'auteur du Lancelot, au lieu de renoncer au seigneur Gannes, aurait construit une dioscurie riche en conséquences littéraires. Il reste néanmoins des vestiges de la culpabilité originelle dans le personnage de Ban de Bénoïc, qui a commis le péché d'adultère et conçu un fils naturel dans la personne de Hestor des Mares.

3 – Jouant sur l'homonymie, l'auteur du *Lancelot,* ou mieux encore son prédécesseur du lai féerique, s'est peut-être plu à en retrouver la source archaïque dans la première syllabe de Banvou. La toponymie, pour ces auteurs médiévaux, est l'archive du mythe, et le jeu signifiant, cratylique de la lettre, ne fait jamais qu'exciter leur imaginaire poétique.

4 – Il n'est pas rare aussi que la syllabe initiale, dans la littérature médiévale, joue un rôle sémantique distinctif, identitaire, renvoyant à un nom de personne. Le roi Ban possède, dans le roman, un filleul qui s'appelle Banin. C'est encore le cas de la syllabe *Gui* dans la chanson de geste la *Prise d'Orange* [78]. Guibourc, devenue chrétienne, change son nom païen d'Orable contre ce nom de baptême qui, explicitement, renferme la syllabe identitaire

---

[76] *Les quatre branches du Mabinogi*, p.293. Je passe ici sur l'importance de l'épervier dans les romans de Mélusine.

[77] Non seulement, la graphie de la consonne géminée NN a pu être réécrite en UN, ce qui induisait la prononciation ON au lieu de AN, mais, sans recourir à une faute de scribe, il faut se rappeler que les deux voyelles nasales AN et ON sont parfois interchangeables dans la langue, témoin les doublets Dompierre et Dampierre, domedé et damedé, Dommarie et Dammarie.

[78] *La prise d'Orange*, par Claude Régnier, Klincksieck, 1967, Paris

de Guillaume, son époux chrétien. Guibourc et Guillaume sont unis par la partie commune de leur nom représentée par la syllabe initiale. D'autres personnes proches de Guillaume portent aussi dans leur nom cette syllabe initiale emblématique qui démontre sans contestation possible que ce procédé est clairement intentionnel. Mon hypothèse est que ce mécanisme onomastique a été réutilisé dans la genèse du roi Ban, roi de Banvou, en donnant au roi de la fiction, père de Lancelot l'ondin, la première syllabe de ce fascinant village de pèlerinage vers une source sacrée.

5 – Il est probable que l'auteur, aidé par des informateurs cisterciens autochtones, a enquêté dans la Normandie occidentale pour écrire le premier livre du roman qui traite de la naissance de Lancelot, de la guerre des marches contre Claudas de la Déserte, de la mort du roi Ban sur le tertre, de la capture de l'enfant par la dame du Lac et de la retraite de la reine Hélène à l'Abbaye Blanche, qui couronne pieusement cette séquence romanesque absente de Chrétien de Troyes [79]. Il aura vraisemblablement transposé le scénario archaïque du lai féerique en l'adaptant à sa visée chrétienne, eschatologique et épique. Il est tentant d'identifier cette Abbaye Blanche à la fameuse abbaye Blanche de Mortain, qui accueillait elle aussi, comme dans la fiction, des femmes comme moniales, suivant l'enseignement de saint Bernard, et qui rappelait, comme un clin d'œil au lecteur, la haute figure cistercienne de Saint Vital, fondateur de l'ordre de Savigny.

Comme Banvou, proche de Mortain, était un lieu sacré dévolu au culte de saint Ernier, il pouvait paraître édifiant et utile de nommer le roi gaulois de ce pays, père de Lancelot, de cette première syllabe du toponyme chargé de sens sacré dans l'espace de marche évoqué dans la fiction du roman.

6 – Il n'est pas impossible non plus que le mot *Ban*, comme appellation géographique rurale, ait encore été employé plus ou moins dans la paysannerie locale dans son sens gaulois de colline, de promontoire. Nous savons que le Gaulois s'est conservé plus longtemps qu'on ne l'a cru, et que nombre de mots gaulois se sont bel et bien maintenus jusqu'à nous. La région du Domfrontais était restée relativement à l'écart des grands bouleversements que la poussée romaine allait exercer par le moyen des grands fleuves, comme le Rhône, la Seine ou la Garonne, ou par les grandes voies de communication. Combien de ces mots, encore utilisés au Moyen Âge dans la langue vernaculaire du latin continué, ont ensuite disparu de l'usage, concurrencés par des synonymes latins ?

Ferdinand Lot, dans son ouvrage consacré au *Lancelot*, avance que l'auteur n'est pas normand, ce qui est certainement exact, et il ajoute assez malencontreusement qu'il ignore la Normandie. [80] Cependant, le critique explique dans une note que cette absence de références normandes a pour mobile d'échapper au reproche d'anachronisme. En effet, le récit gère des événements censés se dérouler au Ve siècle, dans un temps où la Normandie ne pouvait exister, puisqu'elle s'est constituée comme terre des *Northmen,* hommes du Nord venus la conquérir et s'y établir plusieurs siècles plus tard. Comme F.Lot, je suis de l'avis que cet auteur, malheureusement anonyme, a un sens averti et rationnel de la successivité his-

---

[79] Cette séquence du récit est étrangère au *Lanzelet*. La mère de Lanzelet s'appelle Clarine. Elle est victime des ennemis de Penn Genewis qui la capturent . Au terme de ses aventures, Lanzelet la retrouve à Genewis, où il finira ses jours, marié avec Iblis. Lire à ce sujet l'excellent résumé de Jean Markale dans *La tradition celtique en Bretagne armoricaine* . Payot 1976.

[80] Ferdinand Lot écrit: " Ce n'est pas seulement parce que l'auteur écrit après la conquête du duché de Normandie par Philippe Auguste, c'est parce qu'il s'est aperçu de l'anachronisme d'une Normandie au Ve siècle!" *Etude sur le Lancelot en prose,* F.Lot Note page 185

torique, même s'il n'est pas en mesure de la représenter littérairement [81]. Donc, ce que l'on appellera plus tard la Normandie est partie intégrante de la Gaule, et ne s'en distingue pas à la chute de l'Empire romain qui est la toile de fond historique du roman. C'est dans cette visée diachronique que le roman de Lancelot est écrit. Autrement dit, l'auteur peut parfaitement utiliser dans son roman des références en Normandie, sans donner prise au reproche d'anachronisme. Il lui suffit d'annexer ces dites références à l'entité gauloise qui a précédé la naissance historique de l'État normand.

Banvou, *fanum* devant le marais, n'a pas pris l'extension d'un *hill fort* classique, de l'*oppidum* sanctuaire d'une tribu, ou encore de forteresse sanctuaire intertribale que joue certainement Cadbury. Ses modestes atouts défensifs étaient des handicaps insurmontables en comparaison de Domfront, Bellême ou Mortain. Mais son aura sacrée dans la mémoire collective rachetait sans doute en partie cette infériorité topographique. La fontaine de Saint Ernier, dont le nom se retrouvera peut être dans Léonce de Payerne, le pèlerinage et ses rites étranges, mais peut être aussi le souvenir lointain et folklorisé de l'ondin, de la Dame tutélaire, du dieu gaulois lié au site, tout cela a pu fasciner l'auteur de Lancelot en prose, dont on pressent qu'il travaillait selon la méthode d'enquête locale de ses devanciers du XIIe siècle qui, le long des itinéraires, recensaient avec attention les sites chargés de mystère et de légende.

Quant à Léonce de Payerne,[82] issu peut être de *pagus erneium*, le Pays d'Ernée, il devient dans le roman le précepteur des cousins du *Lancelot*, Lionel et Bohort. Par sa fonction de preudome, de précepteur, Léonce de Payerne rappelle combien cette haute fonction était considérée comme primordiale dans les cours royales. Dans la littérature arthurienne, le précepteur a tendance à devenir le substitut du père absent. C'est le cas dans *Le conte du Graal*, roman dans lequel Perceval, orphelin de père, apprend la chevalerie grâce à son mestre Gornement de Gorre.

Au cours de cette enquête, de tels sites représentent, aux yeux des enquêteurs, des sources poétiques privilégiées, car ils leur paraissent cristalliser des traits d'union spirituelle entre le présent et les croyances ancestrales. C'est au cœur de ces espaces pérennisés, où le fantôme fabuleux des ancêtres anime l'espace, que l'écrivain médiéval rêve et élabore les hautes figures de ses fictions narratives.

Vers une lecture anthropologique du *hill fort*

Arthur, Ban, Marc sont des rois de légende appartenant à une civilisation hiérarchisée qui se projette dans le lointain passé celtique des *hills forts*. Le mode de production de la culture proto historique des *hills forts* britanniques, que nous prenons comme miroir, renferme bien des traits qui en font une variante du mode de production dit « asiatique »mentionné par K. Marx.[83] Dans cette famille de modes de production fondée sur le tribut institutionnalisé, la production des biens, leur distribution et leur consommation sont organisées autour d'un souverain autocratique investi de pouvoirs sacrés. Ce potentat prestigieux est la clef de voûte de tout le système économique, social et spirituel.

---

[81] Pour que l'écrivain ait une idée de l'Histoire comme succession qualitative de sociétés différenciées par leur civilisation matérielle et spirituelle, il aurait fallu maîtriser des savoirs qui se sont accumulés lentement à l'époque moderne, modifiant de façon irréversible notre conception évolutive du monde.

[82] Il faut aussi tenir compte du fait que Payerne est une ville de Suisse très ancienne, dans le canton de Vaud Payerne possède une église romane du XIe siècle

[83] *Sur le mode de production asiatique*, préface de Jean Suret Canale. Editions sociales

Pour que le souverain puisse jouer ce rôle, il doit disposer d'un *haut lieu* qui symbolise pleinement la totalité de son pouvoir ascendant. Dans le *mabinogi*, le roi Arthur est ainsi identifié à la colline qui incarne sa souveraineté.

Cette société tend à se développer en construisant des enceintes fortifiées disséminées à partir d'une capitale politique et religieuse qui est le foyer éclatant et impressionnant d'où émane le pouvoir sacré et centralisé du roi. Une des capitales d'Arthur, Caer Lion, ne possède pas moins de treize églises. Le roi Ban a pour capitale Trebe. [84] Cette ville est un joyau. Elle resplendit de monuments religieux que le roi voit disparaître en fumée, ce qui lui brise le cœur.

Chaque *hill fort* est donc un relais entre le roi et son peuple, confié à l'administration d'un allié, qui reproduit dans sa personne la vaillance militaire, la vertu politique, la stature physique et la sagesse pieuse du souverain. La fidélité totale au prince charismatique va de soi et le vassal doit même s'exposer à la mort plutôt que de déchoir. Ce sont précisément ces valeurs que trahit la sénéchale du roi Ban, qui livre lâchement la place à Claudas de la Déserte.

La stratégie guerrière de Claudas consiste à s'emparer des places secondaires avant de mettre le siège sur la capitale, Trebe, orgueil du roi Ban, dans laquelle se concentre la magnificence profane et religieuse. La perte de cette capitale équivaut à perdre le sens de la vie pour le roi Ban. Il y a identification de sa personne avec la colline somptueuse et sacrée qui incarne son pouvoir royal.

Cette osmose entre le roi et le *hill fort* ne me semble pas seulement explicable par la psychologie personnelle du roi Ban, mais par la persistance, dans la culture de l'auteur médiéval, d'une institution plus prégnante. Les Gaulois, d'après César, ne voulurent jamais sacrifier *Avaricum*, car cette ville *aux riches eaux,* orgueil des Bituriges, était revêtue d'une aura tellement sacrée qu'elle devait échapper, par exception pour les élites gauloises et malgré l'avis de Vercingétorix, aux nécessités impérieuses et cruelles de la terre brûlée. La perte d'Alésia pour Vercingétorix, grand *oppidum* et *fanum* ancestral, implique également une reddition rituelle, très ostentatoire, qui équivaut pour le généralissime arverne à une sorte de suicide sacrificiel.

La guerre entre les Bretons et les Romains prolonge clairement la guerre des Gaules, avec un rapport de forces inversé, qui permet de l'inscrire peu ou prou comme une revanche du monde celtique sur l'impérialisme romain détesté. Dans cette logique, la méditation du livre de Jules César, après celle de l'HRB, s'imposait comme source essentielle pour saisir aussi bien le modèle du conflit que la psychologie spécifique des chefs en belligérance. À la générosité pulsionnelle de Ban répond en contrepoint la froideur cynique du stratège biturige, tout imprégné de la culture politique des Romains.

Pendant des fêtes instituées, calendaires et religieuses, les communautés paysannes, sous la direction de leurs notables religieux et politiques, conduisent une partie des biens produits au souverain qui les redistribue aux dignitaires alliés, sous forme de récompenses pour

---

[84] Ce nom rappelle évidemment Trèves, la grande ville gallo romaine.

leur valeur et leur fidélité. Le tertre de souveraineté est une sorte de *medio lanum* [85] de centre où viennent converger les voies de communication tribales. De ce point de vue, Banvou est au carrefour de voies très anciennes qui convergent vers le tertre, le *Ban*.

Cette particularité avait frappé Bansard, et Payen consacre à l'étude des voies traversant Banvou une analyse dans son article directeur de *La légende Arthur en Normandie.* Tout en partageant globalement son point de vue, j'aimerais apporter des éléments nouveaux en les intégrant dans mon hypothèse.

La voie romaine qui traverse Vieux, autrefois *Aregenua*, capitale tribale des Viducasses, se prolonge au Nord vers Bayeux, où nous savons par Ausone qu'un sanctuaire à Belenos s'était maintenu à l'époque gallo-romaine. Cette voie, qui est représentée sur la fameuse table de Peutinger, se prolonge au sud vers Jublains (*Noviodunum*), capitale des Diablinthes, et rejoint Le Mans (*Suindunum*). Le diocèse du Mans a englobé Banvou jusqu'à la Révolution française.

La table de Peutinger, élaborée sans doute au début du IIIe siècle, et dont nous ne possédons qu'une version médiévale, n'est pas une carte géographique qui donnerait une représentation abstraite, mais correcte de la réalité, selon une échelle connue et déterminée. C'est avant tout un guide utilitaire des grands itinéraires routiers de l'espace romanisé. Le voyageur, qui se déplace sur une voie représentée, est informé par la Table des villes importantes qu'il traversera, de la caractéristique urbaine de chacune grâce à un code, et des distances qui séparent les sites urbains mentionnés. Des représentations très fantaisistes de cours d'eau, de rivages marins complètent les signes iconiques et conventionnels de la représentation du réel.

Mais chaque grande voie romaine est en réalité un système, un réseau compliqué où l'artère principale, qui indique la direction géographique et le flux principal du trafic est en contact, à la manière d'un fleuve, avec des affluents, des voies secondaires parallèles et des diverticules. La Table, évidemment, néglige de les représenter, afin que la lisibilité ne soit quasiment impossible par la surcharge des signes. C'est sur place que le voyageur s'orientera et pourra repérer *de visu* le contexte géographique. La voie, dans l'espace normand qui nous occupe, a une prédilection pour les lignes de crête où le sol est stable, à l'abri des crues, et l'embuscade plus difficile.

La présence de la voie Bayeux / Jublains sur cette « carte » de Peutinger montre assez son importance et sans doute son ancienneté. Il n'y a aucune indication urbaine intermédiaire entre Jublains et Vieux qui, toutes deux, sont désignées dans le code comme des villes notables de degré inférieur. Les voies réelles, parallèles ou transverses, ne sont pas marquées. Or, nous savons que la *voie*, dans l'espace réel, se diversifiait dans une pluralité de routes en connexion entre elles.

La survivance de ponts mégalithiques dans le Passais, sur des voies antiques, préromaines, permettant le passage des troupeaux, des troupes en déplacement et des mulets de charge, semble indiquer que cette grande voie nord-sud était peut-être liée aux

---

[85] Le nom de nombreuses localités provient de cet appellatif de *medio lanum*. C'est le cas de la grande cité de Milan , par exemple.

grands échanges de l'âge du bronze, notamment du transport de l'étain, mais aussi aux transhumances tribales, aux déplacements politiques et guerriers comme aux pèlerinages religieux. Les grandes transhumances, caractéristiques de la civilisation celte, avaient lieu de Beltène à Samain, et s'effectuaient sous les auspices du dieu Belenos, qui veillait sur la santé et la sécurité, mais dont le caractère irascible et susceptible était redoutable. Les poèmes homériques abondent de scénarios mythologiques où Apollon ou le Soleil laissent éclater leur colère contre l'arrogance et la désobéissance des hommes.

L'âge du fer viendra prendre, dans certaines régions, le relais des voies de l'étain. Dans l'Antiquité gallo-romaine, la Basse-Normandie, centrée sur Vieux, déploie une grande activité pour l'extraction et l'approvisionnement du fer. C'est ainsi que Titus Sennius Solemnis [86], immensément riche et puissant, était originaire de Vieux et avait la haute main sur l'exploitation et le transport du fer dans toute la Gaule. Ce haut dignitaire de l'empire, qui vécut dans la première moitié du IIIe siècle, est l'exemple parfait de l'aristocrate gaulois entièrement romanisé.

Une particularité est frappante dans la carrière de Titus Solemnis. C'est, à l'image des souverains celtes, l'interpénétration dans sa personne des fonctions religieuses et politiques, guerrières et économiques. Titus est parfaitement trifonctionnel. Il totalise l'ensemble des pouvoirs inhérents aux trois fonctions indo-européennes. Il est à la fois pontife, général et administrateur. L'axe nord-sud (voie décumane) qui rejoint en ligne droite Flers à Mayenne et qui passe à Banvou traverse des villages ou des lieux dits qui ne manquent pas d'intérêt. Cette voie polaire est marquée par le tracé actuel de la D52. Ainsi Dompierre et Perrou contiennent la racine *petra*, pierre, souvent en liaison avec des ponts mégalithiques, le revêtement des voies romaines, la présence de mégalithes ou de bornes milliaires ou leugaires ou encore avec la présence de tumuli toujours recouverts d'un cairn de pierres plates. Ils sont certainement les indices d'une voie préromaine qui conduisait au fanum de Banvou. Le toponyme Montsecret, que Dauzat ne signale pas dans la longue nomenclature des toponymes composés de *mont+ adj qualificatif*, est d'une interprétation hasardeuse. S'agit-il de l'adjectif latin *sacratus*, sacré, consacré, refait par euphémisme dans son paronyme *secretus*, secret ? S'agit-il d'un « mont seret » (serein) refait dans la mentalité populaire en « mont secret » plus excitant pour l'imaginaire ? Il est bien difficile de se prononcer. Toutefois, entre le secret et le sacré, les relations sont extrêmement étroites. Nous savons que la voie antique qui traversait Montsecret s'appelait Chemin chaussé (calceatus). Au sud, la D 52 rejoint Sept Forges, à quelques km du gué de Loré.

Trois voies paraissent ainsi avoir relié Jublains à Vieux, selon G.Hubert que cite E.Deniaux. L'une d'elle passait par ce gué de Loré, pont mégalithique qui a peut-être inspiré Chrétien de Troyes pour son *Passage des Pierres*. À côté de ces voies orientées nord-sud, des voies de traverse permettaient de bifurquer quand un des itinéraires était inutilisable.

---

[86] On pourra lire un portrait très documenté de Sextus dans le livre de Régine Pernoud, *les Gaulois*, éditions du Seuil, 1957

Quant à l'axe Est/Ouest, axe du *cardo*, il relie par la D 56 Lonlay l'abbaye et St Bômer à Banvou puis La Ferrière aux étangs. Il était appelé Le Grand chemin de Paris ou encore, plus anciennement, route de Bretagne [87]. On voit immédiatement combien cette voie est également incontournable dans la genèse de la légende arthurienne en Normandie. Cette route était stratégique dans le dispositif des marches entre Gaule et petite Bretagne.

E.Deniaux, dans son article sur Lonlay l'Abbaye, indique que cette voie de cardo reliait Avranches à Domfront et à Sées, et débouchait sur la région parisienne et la vallée de la Seine.[88]

De cette rapide analyse, il ressort que Banvou, comme l'avait indiqué J. C. Payen après R. Bansard, est au cœur d'un réseau complexe de lignes de force religieuses et économiques, étroitement solidaires dès l'âge du bronze, mais partiellement détruit et recouvert par l'émergence irrésistible des forteresses médiévales nécessitant un remodelage en profondeur du réseau routier.

Bien entendu, les cortèges des biens, de tributs acheminés vers le souverain, dans les systèmes de production dits asiatiques, prennent la forme de dons, d'offrandes, et pas du tout de tractations laïcisées, profanes, purement économiques. D'autres rituels gèrent symboliquement l'alliance du souverain avec les forces naturelles célébrées au cœur de la fécondité. La terre peut donc être encore indivise puisque l'ensemble des richesses créées, ou une partie définie par contrat coutumier, sont rapportées au *hill fort*, lieu central de convoyage, de contrôle, de thésaurisation et de redistribution. Ainsi peut s'expliquer la polarisation des richesses dans certains lieux charismatiques de l'espace vécu. Les moyens de production, les outils agraires, ne sont pas pris en charge par le souverain qui les dévolue aux producteurs eux-mêmes. Le souverain veille évidemment à la constitution des réserves, aux relations commerciales et diplomatiques, à la justice, ainsi qu'à la gestion de son trésor. Le schéma territorial des tributs est essentiel. C'est un « échiquier » qui recense et comptabilise ce que chaque groupe, chaque *pagus* doit transférer au souverain. Bien entendu, la livraison des diverses formes de tributs s'effectue selon un calendrier de fêtes sacrées ordonnées sur les rythmes saisonniers.

La complexité croissante des facteurs économiques, l'extension de l'espace de souveraineté, l'exacerbation des conflits, l'enchevêtrement des ethnies dû aux migrations incessantes fera monter en puissance l'exigence d'assujettir plus étroitement un dispositif social qui avait tendance à imploser. L'emprise croissante de la possession, l'exacerbation du droit sacré au tribut, dont le terme ultime est l'esclavage, ne cesseront de renforcer leur pression sur les producteurs. L'antique Âge d'Or, de générations en générations, fait place aux rigueurs de l'Âge de Fer. Elle constituera le moteur pour passer de la propriété indivise de la terre vers des systèmes de propriété privée intégrant des travailleurs endettés, devenus esclaves ou encore serfs privés du droit de quitter le domaine. La taxe, l'impôt remplacera les cérémonies des tributs, qui géraient l'échange entre le roi bienfaiteur et les gens bénéficiaires de sa bonté sacrée.

---

[87] G.Hubert, *Voies antiques,* Annales de Normandie p.183

[88] E.Deniaux, article cité, p.2 et 3

La *Pax Romana* d'Auguste, qui régularise un répit chèrement payé par de durs labeurs, volera en éclat sous la pression combinée des pesanteurs de l'esclavage et des invasions germaniques.

César signale que la plèbe, en Gaule indépendante, subissait déjà un sort très rigoureux sous la double domination, spirituelle et séculière, des druides et des *equites*.

Dans l'HRB, le couronnement du roi Arthur à la Pentecôte illustre assez bien ce fonctionnement économique séculaire qui se pérennise dans la féodalité. Les auteurs anglo-normands rencontraient dans l'espace insulaire des conditions sans doute plus archaïques, moins romanisées, qui avaient un caractère plus poétique et plus merveilleux. Tout d'abord, le choix du lieu, la Ville des Légions, est lié à la richesse du pays « *bénéficiant d'un site agréable et plus abondamment pourvu de richesses que les autres cités, elle était le lieu idéal pour une telle cérémonie* » [89].

L'interprétation de cette donnée souligne sans doute qu'une partie de la richesse de cette contrée sera transférée au roi, puisque le roi est le garant de toute fécondité. Elle sera dépensée dans les fastes de la fête et dans les dons que fera Arthur à ses barons.

La générosité du roi ne va qu'aux dignitaires. Il y a occultation de la distribution et de la consommation paysannes. Dans les systèmes très archaïques, où le développement des forces productives est encore faible, toute la production peut être acheminée au *hill fort* et le roi effectue la totalité des partages, des redistributions. Quand la production se sera accrue, le mode de répartition se modifiera. Le dispositif tendra à se rapprocher du mode de production féodale, fondé sur des contrats qui établissent dans chaque cas la part des producteurs et celle du seigneur. Un contrat tacite partage les biens produits entre la caste des seigneurs et les paysans selon des codes, des chartes.

On peut raisonnablement estimer que la visée de Geoffroy, pourtant orientée vers l'archaïsme, envisage le système économique comme un modèle féodal du XIIᵉ siècle, mais aperçu et infléchi dans un imaginaire ancestral, plus naïf. Plus la richesse est abondante, plus la part dévolue au roi est importante. Les lois du contrat ne sont rappelées que s'il y a transgression. Tout doit en fait fonctionner comme un processus naturel, immanent au jeu des rythmes cosmiques.

Dans ce contexte, le trésor royal joue un rôle primordial. Il réunit la somptuosité des cadeaux éventuels aux hôtes de marque et l'ostentation des objets investis d'une aura sacrée dans des moments importants [90]. Ces mêmes objets ont également une destination initiatique, si l'on se réfère au conte du Graal.

---

[89] HRB (*Historia Regum Britanniae*) p.218, traduit et commenté par Laurence Mathey Maille. La roue à livres. Les belles lettres 1992

[90] C'est exactement ce qui est mis en scène par Chrétien de Troyes dans *Le conte du Graal*. Le trésor sacré, la procession, le dévoilement ostentatoire du trésor à l'hôte privilégié, composent les éléments d'une très antique institution celtique.

Le roi celte joue un rôle militaire décisif, même si sa personne sacrée le dispense le plus souvent du combat. Dans la légende arthurienne, le roi participe pleinement aux affrontements physiques et s'expose aux coups. Dans sa relation avec le divin, il est entouré, à l'âge celtique, de druides qu'il consulte, qu'il rémunère, mais qui n'endossent pas, en principe, la responsabilité des décisions prises et leurs conséquences. Alors qu'Uther Pendragon bénéficie encore avec Merlin d'un enchanteur très savant comparable aux druides, le roi Arthur est entouré de prélats, des chapelains qui attestent sa foi de chrétien. Cette société bigarrée a pour successeur, dans les conditions du M.A, des scribes qui, tel Bohort, mettent les aventures du règne en écrit. Le souverain du *hill fort* reçoit évidemment des hôtes étrangers, des amis, des clients, des commerçants, des lettrés, des personnalités religieuses.

La famille du roi vit avec le souverain au *hill fort*, l'accompagne dans ses déplacements et forme le premier cercle social de son activité domestique et de son conseil. Cette structure correspondra au M.A. à ce que l'on désigne par *mesnie* (mansionata). Le *barnage* (*baronaticum*) est la réunion des braves gravitant dans son pouvoir, c'est à dire des hommes en état de porter les armes nobles et qui ont fait la preuve de leur compétence guerrière. Un essaim de jeunes hommes au statut mal défini, avides de pouvoir s'établir, de se *caser,* accompagne et complète cette structure sociale. La moitié féminine vit dans la proximité de la dame, chargée de leur éducation, et de leur mariage.

L'extension du pouvoir et des possessions territoriales exige la division de l'espace en modules économiques autonomes, mais qui dépendent en dernière instance du roi confédéral. L'avantage de cette extension saute aux yeux. La confédération tribale dispose d'un surcroît de richesses matérielles et de personnes, donc de guerriers et de producteurs. Mais cet agrandissement exige davantage de structures étatiques, d'échanges politiques et commerciaux, de dépenses plus importantes et une vie spirituelle plus complexe, plus raffinée. Paradoxalement, l'extension du pouvoir se paie d'une plus grande fragilité. Les souverains situés sur les marges de cet empire sont vulnérables, car l'armée confédérale, du fait de l'espace démesurément agrandi, est longue à pouvoir être convoquée et acheminée sur les lieux névralgiques du conflit.

Les cultes locaux ne suffisent plus et des hiérarchies de dieux s'élaborent, qui se marquent en archéologie par la complexité croissante des sanctuaires. Les divinités étrangères s'insèrent dans les cultes tribaux à la faveur des relations commerciales, militaires et diplomatiques. La richesse accumulée et la puissance accrue suscitent des envies, excitent les factions, et deviennent une tentation pour des envahisseurs qui trouvent plus expédient la conquête prédatrice que la production, surtout s'ils disposent soit de conditions économiques ingrates qui font de la rapine une obligation de survie, soit d'une supériorité de forces qui leur assure la victoire des armes et la possibilité d'asservissement des autres peuples.

Dans *l'Historia Regum Britanniae*, le roi Arthur tient conseil avec ses vassaux, qui sont en fait des chefs de guerre dans une alliance confédérale. Il est probable que les Bretons insulaires avaient conservé, du fait de leur insularité, leur mode de production « asiatique » plus longtemps que les grandes tribus continentales influencées par le système étatico-esclavagiste de Rome, extrêmement dynamique. On sait que celles-ci avaient mis en place en Gaule des sénats, sans doute inspirés du modèle romain. Le pouvoir traditionnel des princes ou princesses était battu en brèche par une évolution vers des institutions de type sénatorial. La table ronde, en revanche, se présente avec des traits archaïques de démocratie militaire. Le *hill fort* comme Kamelot (Cadbury ?) est la matrice dans laquelle se sont consolidés les vecteurs dynamiques de l'imaginaire arthurien. L'immensité de son empire de vassalité l'expose à des guerres de dimension mondiale. Bien entendu, l'ampleur du conflit ne repose pas seulement sur des antagonismes de pouvoirs. Ici le roi Athur est conscient de défendre des valeurs bafouées par Rome, qui ont comme fondement des principes moraux, comme la virilité opposée à l'efféminisation, la nécessaire séparation des sexes à la confusion honteuse des hommes et des femmes réunis dans le temps fort du banquet, exposant ainsi, par la promiscuité physique, les hommes à la tentation charnelle, et les femmes à l'abandon de la pudeur.

Un ordre moral anime plus ou moins secrètement les Bretons coalisés autour du roi Arthur. Le roi Arthur pratique la largesse. Il donne, il distribue, il récompense. Il est double, car son être personnel le voue à une activité sociale et morale dans la réalité évolutive des rapports sociaux et à une participation nécessaire à la vie fantastique et mythique des divinités. Il est à la fois, selon les contextes, un héros du surnaturel et une figure agissante de l'Histoire.

Cet article se place résolument dans un questionnement multi référentiel. L'importance de Banvou comme site religieux, sa mythologie celtique, sa recomposition chrétienne, débouche presque naturellement sur sa dimension arthurienne. L'imaginaire arthurien est le continuateur légendaire et littéraire des réalités autochtones. Mais un patrimoine spirituel, culturel ne peut vraiment être compris sans une analyse de ses substrats économiques et sociaux. Or, Banvou est exemplaire de cette dialectique entre figures de production matérielle et imaginaire. Le ban est à la fois éminence naturelle de pouvoir, foyer de sécurité, et paternité de fils ondins qui ont le désir de s'émanciper du giron maternel pour accéder aux valeurs paternelles, non sans périls, non sans épreuves, mais non sans réussites. Lanzelet, Lancelot sont de ces créatures ambiguës qui cherchent à équilibrer, en dépensant des trésors d'énergie, la roche solaire incandescente et l'eau fertilisante, le tumulte de l'errance aventureuse et l'harmonie bienheureuse de la fixation. Toutes ces valeurs ambivalentes, mais complémentaires semblent se cristalliser dans Banvou.

**La fontaine de Saint Ernier ou Fontaine aux orages.
Le Vieux Banvou.**

LE TEMPS DES INDO-EUROPÉENS

Bernard Sergent – CNRS

Président de la Société de Mythologie Française

Les Indo-Européens indivis, avant la dispersion des langues de cette famille sur l'Europe et une grande partie de l'Asie, sont identifiables à une culture du Ve millénaire avant notre ère, dite par les archéologues soviétiques Culture de Samara, située sur la moyenne Volga. Il s'agit d'une civilisation néolithique, tournée vers l'élevage, sans écriture, de culture matérielle fruste[91]. On ne s'étonnera pas, dans ces conditions, que l'image du temps qu'on tire à la fois du vocabulaire comparé et de la paléoethnologie comparée des peuples indo-européens soit assez simple, et ne représente pas (encore) une maîtrise développée du calendrier.

I – Les mois.

Le vocabulaire comparé indo-européen révèle un premier phénomène très clair : « mois » et « lune » sont exprimés, originellement, par le même mot. Ainsi, les mois indo-européens étaient des « mois lunaires ».

On a, en effet[92] :

[dans tout ce qui suit : A.-K. = arśi-kuči = " tokharien ", alb. = albanais, arm. = arménien, germ. = germanique, goth. = gothique, hl. = grec, ht. = hittite, i.-e. = indo-européen (reconstitué), irl. = moyen-irlandais, lat. = latin, lith. = lithuanien, ssk. = sanskrit, v. ir. = vieil-iranien, v. isl. = vieil-islandais, v. sl. = vieux-slave]

	pour Mois	pour Lune
ssk	*mas-*	*mas-*
....	*masa-*	
v. ir.	*ma*	*ma*
arm.	*amis*	
hl.	*men*	*mene*
alb.	*muaj*	
v. sl.	*meseci*	*meseci*
lith.	*menuo*	*menuo*
germ. (Goth.)	*meno s*	*mena*
lat.	*mensis*	
irl.	*Mi*	
A. et K.		*man, mene*
ht.	*irmah*	*irmah*

---

[91] Sergent, 1996, 395-398.

[92] Pokorny, 1959, 731-732.

Commentaire :

a) les noms de la « lune » en arménien, latin, albanais et moyen-irlandais, formations indépendantes, ne sont pas donnés ici. De même l'un des noms grecs de la lune, *selene*, ne l'est pas non plus.

b) par contre, en cinq des langues ici représentées, « lune » et « mois » se disent de la même façon — et ce, surtout, dans les plus anciennes : vieil-iranien, sanskrit, hittite. Cela seul indique l'ancienne identité des deux termes. « Mois » et « lune » se disaient de la même façon en indo-européen.

c) même lorsqu'un mot a remplacé le mot originel, comme en hittite, cela s'est fait en un temps où l'homologie, l'identité des deux concepts étaient encore ressenties : un même mot désigne « lune » et « mois » en cette langue.

d) lorsqu'une distinction est apparue — ce qui est à relier à l'apparition du calendrier, ci-dessous — les locuteurs se sont souvent contentés de différencier les termes en modifiant légèrement l'un des deux : soit le nom du « mois » (ssk. *masa-*), soit celui de la « lune » (grec *mene*).

e) ce n'est qu'assez rarement qu'un mot vraiment nouveau a été créé pour signifier la distinction acquise. Il a alors toujours porté sur le nom de la lune. Il est intéressant que plusieurs peuples indo-européens l'aient fait de la même façon, en nommant alors l'astre nocturne « la brillante » : c'est le cas de l'arm. *lusin*, du grec *selene*, du latin *luna*.

d) il s'ensuit que le « calendrier » indo-européen le plus ancien était uniquement lunaire : la lune rythmait le temps à court terme[93], et n'avait aucun rapport avec le cycle, à plus long terme, annuel, c'est-à-dire solaire.

On rappellera ici que c'est le cas de *tous* les calendriers primitifs, ceux observés par exemple chez les Amérindiens[94] ou en Afrique Noire[95].

Il s'ensuit que les calendriers plus complexes, luni-solaires, que l'on étudiera ci-dessous, représentent un stade secondaire. Les historiens s'y sont parfois trompés, qui, souvent obnubilés par les hautes civilisations de Mésopotamie et d'Égypte, ont cherché à concevoir le calendrier indo-européen à la lumière des calendriers de ces pays[96]. Cette influence est certaine, mais pour une époque plus récente que celle du plus ancien calendrier perceptible. D'ailleurs, lors même que la plupart des Indo-Européens adopteront un calendrier plus perfectionné, il semble que certains secteurs conservèrent jusqu'au bout (c'est-à-dire, ici, jusqu'à la christianisation) un calendrier exclusivement lunaire[97].

---

[93] C'était déjà la conclusion de Schrader, 1901, 976 ; Meillet, 1931, 24 ; de Hirt, 1907… C'est pourquoi plusieurs linguistes rattachent le nom indo-européen de la lune à la racine *me-*, « mesurer » : Scherer, 1953, 69-70 ; 1974, 189 ; Frisk, 1961, 228 ; Ernout et Meillet, 1967, 398.

[94] Spence, 1910.

[95] Cf. surtout Nilsson, 1920 ; et les études rassemblées dans *Calendriers d'Afrique Noire, Systèmes de pensée en Afrique Noire*, 7, 1983.

[96] Ainsi Schrader, 1901, 977 ; Hirt, 1907, 543 ; Schrader et Nehring, 1929, 683 ; Duval et Pinault, 1986, 408-409.

[97] Niederle, 1926, 333. De nets souvenirs aussi en Scandinavie, où pourtant un calendrier luni-solaire fut assurément adopté à haute époque (ci-dessous) : dans l'*Alvissmál*, 14, les Alfes appellent la lune « compte-années » (Boyer, 1974, 73), et dans le *Vafthrudnismál*, on dit que les dieux « créèrent nuit de pleine lune et nuit sans lune pour mesurer les années des hommes » (Id., 465). Certains auteurs – manifestement noyés dans l'incroyable complexité de l'histoire du calendrier romain ! – ont voulu voir dans le calendrier de mois lunaires une acquisition secondaire à Rome, due

Il reste à souligner que l'on ne connaît pas nom de mois « hérité » : d'une culture à l'autre, ou même à l'intérieur d'une civilisation, les noms de mois changent : ainsi, entre cités ou zones culturelles grecques, les noms de mois ne sont pas les mêmes[98]. Et les noms de mois connus par des documents d'âge mycénien n'ont pratiquement pas de prolongements dans la Grèce historique[99]. De la même façon, la belle série de douze mois du Calendrier de Coligny (ci-dessous) ne se retrouve nullement dans les séries de noms de mois irlandais, bretons, gallois[100].

Il y avait donc un grand renouvellement des dénominations. Mais ce n'est sans doute pas la seule raison de l'absence de noms hérités : l'exemple romain, où l'on voit nettement que seuls certains mois avaient reçu des noms, de janvier à juin, et tous les suivants des numéros[101], méthode dont on a des traces également en Grèce, en Phocide et Locride Ozolienne, à Mégare, où des mois sont dénommés « le troisième », « le quatrième », etc., cela laisse penser que l'habitude de nommer les mois n'était pas sentie comme une obligation. Seuls quelques mois « marqués » pouvaient recevoir une dénomination et les autres, aucune : là encore, la prise en compte de ce qui se passe en Afrique Noire ou chez les peuples d'Amérique du Nord permet de penser cette situation. Chez nombre d'ethnies de ces régions, seuls quelques mois, quelques « lunes », reçoivent un nom, les autres, non[102]. Il en était d'ailleurs de même en Mésopotamie, et les Égyptiens, quant à eux, n'ont introduit des noms de mois que tardivement : antérieurement, ils les désignaient par un numéro. D'ailleurs, certains textes anciens attribuent pareille habitude à des peuples indo-européens : les Arcadiens n'auraient eu que

---

à une influence grecque ou aux Étrusques – puisque l'année primitive n'aurait compté que dix mois ! (Bayet, 1957, 89 ; Heurgon, 1969, 207 – qui fournit, entre autres arguments, « l'origine étrusque » du nom du mois *aprilis* ! ; Guittard, 1975, 210-214 ; Holleman, 1978 ; Liénard, 1980, 76-77). Aucun ne fait allusion à la simple étymologie du mot *mensis* ! En sens contraire, Dumézil, 1966, 537, après G. Wissowa ; Basanoff, 1943, 5-6 ; Ernout-Meillet, *l. c.*. Sur la question des dix mois, cf. ci-dessous. En général, les historiens du calendrier romain souffrent de ne prendre en compte que l'histoire (contradictoire et largement légendaire) de ce calendrier, d'après les sources latines, et de ne jamais s'appuyer sur la comparaison celtique et indo-européenne (la première surtout leur apprendrait beaucoup, puisqu'on trouve à la fois des mois alternant de 29 et 30 jours, des jours « fastes » et « néfastes », un mois comprenant un nombre plus court que les autres, à savoir *Equos* sur le calendrier de Coligny et *Februarius* à Rome, qu'enfin un même calcul régulateur aboutissant à des « siècles » de 30 ans a existé chez les Celtes – selon Pline, *Hist. Nat.*, XVI, 250 – et chez les Romains (Censorinus, XVII, 2 ; Servius, à Virg., *Aen.*, VIII, 508 – sur le calcul de cette durée de 30 ans, cf. Lainé-Kerjean, 1942-1943, 254-255 ; Laurent, 1990, 262) ; qu'enfin le mot latin *saeculum*, « génération » d'où « siècle », a pour unique parent indo-européen le gallois *hoedl* et le breton *hoal* « durée de vie, vie », issu de *saitlo-*, Ernout-Meillet, 1967, 588 ; Laurent, *l. c.*). Holleman, *l. c.*, 202, n. 4, note aussi que la tradition selon laquelle Romulus aurait pris la place d'un des douze enfants d'Acca Larentia (Aulu-Gelle, VII, 7, 8) « pourrait bien déceler que l'année romuléenne a été précédée d'une année (pastorale) de douze mois ». De même Liénard, malgré sa thèse d'un calendrier lunaire d'origine étrusque, observe (*l. c.*, 76) que le calendrier du « temps » de « Romulus » était lunaire. C'est certain !

[98] Cf. Bischoff, 1919 ; Samuel, 1972.

[99] À quelques exceptions près : un nom de mois de Knôsos (sur la tablette Fp 13) est *Ra-pa-to* : Ernst Sittig a noté qu'il se retrouvait comme nom de mois (*Lapatô*) à Orchomène d'Arcadie ; un autre (KN Fp 6.1, 7.1, 15.1, 18.1), *Ka-ra-e-ri-jo*, rappelle le nom du mois *Klariôn*, à Éphèse (Ventris et Chadwick, 1956, 200) ; un nom de mois, au génitif, *Diwijojo*, à Knôsos (KN Fp 5.1) est le précurseur du mois *Dios*, attesté à l'époque historique en Macédoine, Aitôlie, Bithynie, etc. (cf. Samuel, 1972, 65, et à l'index, 287-288).

[100] Loth, 1904, 124 ; Fischer, 1894.

[101] Ce qui a permis, à l'époque impériale, de « placer » des noms de mois nouveaux : *Julius, Augustus*.

[102] Spence, 1910.

quatre mois, les Akarnaniens six, et « certains barbares » (terme qui s'applique souvent aux Européens de l'intérieur) trois[103], formulation que j'interprète comme signifiant « n'ayant que quatre, ou six, ou trois, mois dénommés ». C'est certainement aussi le cas (ci-dessous) de l'année romaine dite « de dix mois ».

Il reste qu'une habitude qui paraît commune aux Indo-Européens anciens est celle d'avoir donné des noms aux mois en fonction d'événements rituels[104].

On observe ainsi :

– en Grèce, où c'est en quelque sorte le plus net, le calendrier athénien — le mieux connu — comprend les mois Poseideôn, Gamêliôn, Anthestêriôn, Elaphêboliôn, Mounikhiôn, Thargêliôn, Skirophoriôn, Hekatombaiôn, Metageitniôn, Boêdromiôn, Puanopsiôn, Maimaktêriôn, c'est-à-dire les mois respectivement consacrés à Poséidôn, puis contenant les fêtes des Gamêlia, des Elaphêbolia, d'Artémis à Mounikhiâ, des Thargêlia, Skirophoria, Hekatombaia, Metageitnia, Boêdromia, Puanopsia et Maimaktêria. Il en est exactement de même dans les autres cités, pour autant que leurs calendriers sont connus[105] ; et dès l'époque mycénienne, parmi les quelques noms de mois connus, plusieurs se réfèrent à des dieux ou des sanctuaires : ainsi *Diwijos*, ci-dessus (n. 10), à Zeus, *pakijanijojo* (au génitif), à Pylos, à un sanctuaire, et *Karaerijo* (toujours gén.), si c'est bien *Klarios*, à un sanctuaire apollinien ;

– à Rome, *Januarius* tire son nom de celui du dieu Ianus, *Februarius* de la principale fête du mois, les Lupercalia, où interviennent des *februa*, moyens de purification, Mars tire son nom des rites d'ouverture de la guerre de ce mois, consacrés à Mars, et pour les mois suivants Françoise Bader a récemment montré que leurs noms s'inscrivent dans le même contexte rituel, *Aprilis* étant le mois « du sanglier » (*aper*), avec une formation en *-li-* qu'on retrouve dans des noms de fêtes (*Palilia*, *Parentalia*, *Volcanalia*), les deux derniers mois anciennement nommés, Maius et Iunius évoquant à la fois le double (éminemment social, et marqué, à Rome) des *maiores* et des *iuniores*, et les déesses Maia et Iuno (Junon)[106].

– chez les Celtes, le seul document ancien, mais extraordinaire, est le Calendrier dit de Coligny, découvert en 1897 dans cette commune de l'Ain, gravé sur tables de bronze, et, malgré son époque (fin du IIe siècle), entièrement celtique dans son vocabulaire et sa conception. On y trouve les douze noms de mois. Pour autant que l'on peut en juger, tous ne sont pas d'origine rituelle — il serait en tout cas bien hasardeux de le supposer — mais plusieurs le sont très vraisemblablement : l'un s'appelle *Anagtio*, génitif *Anagantio*, *Anagtios*, en lequel on reconnaît le thème verbal *aneg-*, *anag-*, « protéger », qui figure dans un des surnoms de

---

[103] Plut., *Numa*, XVIII, 6 (dans une discussion, précisément, sur l'hypothèse selon laquelle le calendrier de Romulus, antérieur à Numa, n'aurait compté que dix mois) ; Pline, VII, 49, 155, parle de trois mois pour les Arcadiens.

[104] Malgré Nilsson, 1920, 365. L'origine festiaire du calendrier est bien vue par Thurneysen, 1899 ; Mac Neil, 1928 ; Lainé-Kerjean, 1942-1943, 267-9, 273-276 ; Gordon, 1963. Il est comique de voir les historiens qui, comme on le verra, ramènent toute l'histoire du calendrier romain à la seule histoire de Rome, expliquer l'origine d'un authentique calendrier de douze mois (ci-dessous) par les nécessités du commerce et de l'économie (par exemple Guittard, 1975, 213 ; Liénard, 1980, 77) !

[105] Cf. Bischoff, 1919 ; Samuel, 1972, 57-151.

[106] Bader, 1997.

l'Apollon gaulois, *Anextlo-maros*, « à la grande protection » ; dans le nom d'un autre, *Cantlos*, sans doute nom d'action du même type, on a la racine *can-*, « chanter, incanter »[107]. Et deux autres mois paraissent contenir simplement les noms du « cheval » (*Equos*) et du « cerf » (*Elembiu*), ce qui permettra ci-dessous d'intéressants rapprochements indo-européens.

– en Iran, le calendrier connu par l'*Avesta* est déjà, comme on le verra ci-dessous, un système influencé par le calendrier égyptien. Mais les noms de mois correspondent entièrement à la tradition iranienne. Chacun des douze est consacré à une divinité, et il est parfois possible de vérifier qu'une fête à elle dédiée se déroulait durant ce mois : ainsi le mois Farvardin était celui des Fravaši (les Ames, dont la fête célèbre le retour sur terre, comme les Anthestêria à Athènes), le mois Ardibahišt celui d'Asa Vahišta (Entité proche du grand dieu, Ahura Mazdā), le mois de Khorbād celui d'Haurvatat (Entité protégeant la santé), le mois de Tir celui de Tištrya (une étoile, certainement Sirius), le mois de Murdab celui d'Amərətat (autre Entité protégeant la santé), le mois de Šahrevar celui de Kšatra Vairya (Entité de la force et de la protection), le mois de Mihr celui de Mithra (le grand dieu solaire, sorte d'*alter ego* Ahura Mazdā), le mois d'Aban celui d'Apo (les Eaux), le mois d'Adar celui d'Atar (le Feu), le mois de Dai celui de Dathus (le Créateur, à savoir Ahura Mazdā), le mois de Bahman celui de Vohu Manah (autre Entité proche d'Ahura Mazdā), et le mois d'Asfandarmad celui de Spənta Armaiti (la Pensée Pieuse, Entité de la Terre). De même, dans le calendrier vieux-perse, celui des Achéménides, dont on ne connaît pas les noms de tous les mois, certains renvoient à des actions cultuelles : l'un est *Bagayadis*, ce qui signifie sans doute « (mois) du culte de Baga » (lequel est Mithra), un autre *Āçiyādiya*, « (mois) du culte du feu », enfin un troisième *Anamaha*, peut-être « (mois) du dieu sans nom » (qui pourrait être Ahura Mazdā)[108].

Nous ignorons les noms des mois hittites, livrés dans les textes sous forme d'idéogrammes ; quant aux noms de mois indiens, connus pour l'époque védique par les textes du *Yajurveda*, ils ne répondent pas à la même habitude : ils sont nommés en fonction des situations du soleil lors des pleines lunes correspondant aux mois — donc, selon des noms de saisons ou d'événements naturels mais inversés, puisque le soleil est à l'opposé de la pleine lune[109]. On se demandera cependant ci-dessous si certains noms de mois plus anciens n'ont pas été transposés sur d'autres repères astronomiques, les *nakṣatra* (cf. ci-dessous).

C'est en effet grâce à cette circonstance — la nomination de mois en références à des rituels — qu'on peut percevoir quelques accords « trans-culturels » entre différentes cultures du monde indo-européen tardif.

Comme l'observe F. Bader au sujet du nom du mois d'avril, « *Aprilis* n'est pas isolé dans le monde indo-européen en tant que nom de mois formé sur un zoonyme : on se bornera à citer ici, parce qu'ils sont des mois de printemps, comme avril, et

---

[107] Lambert, 1994, 110.

[108] Darmesteter, 1892, 33-34 ; Panaino, 1990, 658.– Sur les Entités (Aməsa Spənta) mazdéennes, cf. Dumézil, 1945.– On trouvera, dans l'étude d'Antonio Panaino (que je remercie Clarisse Herrenschmidt de m'avoir communiquée) une bibliographie complète sur les calendriers iraniens.

[109] Filliozat, 1953, 724.

comme lui faits sur un nom d'animal à appendice osseux caractérisé par une croissance remarquable, les mois du « cerf », *Elaphêboliôn* (*mên*), nom du mois où avait lieu à Athènes la fête d'Artémis, *Elaphêbolia* (*hiera*), et aussi à Iasos en Asie Mineure, à Apollonia en Khalkidique, *Elaphios*, nom de mois en Elide... — le nom du mois attique étant celui du neuvième mois du calendrier d'Athènes, correspondant à mars/avril ; et son correspondant étymologique gaul. *elembiu* sur le calendrier de Coligny, est probablement à situer en mars [110]. »

Ce qui est vrai du mois du « cerf » l'est encore plus du mois du « cheval » ! Car on a :

– le mois *Equos* du Calendrier de Coligny, remarquable d'archaïsme (le gaulois avait des formes en *epo-*), mais étant difficilement autre chose que le nom du « cheval », identique au latin *equus*, issu directement comme lui de l'indo-européen *ékwos* ;

– dans la tradition celtique ultérieure, un nom de mois irlandais, *Mi Aige*, textuellement « mois (des courses) de chevaux »[111] ;

– en Grèce, un grand nombre de mois s'appellent *Hippodromios*, « mois des courses de chevaux », ou encore *Hippios, Hippiôn, Hippeios* : dans le premier cas, ce sont des mois de Thessalie, de Grèce centrale et de Béotie, dans le second de Rhêgiôn en Italie méridionale, dans le troisième à Khalkis et Eretria en Eubée, dans le dernier à Thronion en Locride[112].

S'agit-il, comme dans le cas du « cerf », d'un accord limité aux Grecs et aux Celtes ?

Peut-être pas. Il faut ici revenir aux données indiennes. On a dit comment, à la différence des autres cultures indo-européennes anciennes, l'Inde ne paraît pas faire allusion, en ses noms de mois de la série la plus anciennement attestée, à des événements religieux et rituels. Mais l'Inde possédait aussi un système de repérage astral, attesté antérieurement aux noms de mois (dès l'*Atharva Veda*), et servant à repérer le cours de la lune — c'est-à-dire précisément l'astre qui détermine les mois. Ce système est celui des *nakṣatra*, « signes » célestes consistant en astérismes — étoiles ou constellations. Ses origines sont mystérieuses : Asko Parpola a donné de bonnes raisons d'y voir une création des astronomes de la civilisation de l'Indus, adoptée ensuite par les Indiens védiques[113]. Mais dans ce cas, les Indiens ont amplement « aryanisé » les *nakṣatra* : leurs noms sont sanskrits, et bien des astérismes renvoient à des légendes manifestement apportées avec eux par les Indo-Arya.

C'est ainsi que le 27ᵉ *nakṣatra* (il y en a 28) s'appelle *asvayujau*, « les deux atteleurs de cheval » : élément nécessairement post-indusien, puisque cette civilisation ignorait le cheval. Ces « deux atteleurs » de chevaux sont les Aśvina, les dios-

---

[110] Bader, 1997, 493 – rapprochement fait déjà par Thurneysen, 536 ; Lainé-Kerjean, 1942-1943, 260, Porzig, 1954, 210 ; Pokorny, 1959, 304 ; Bader, 1988. De l'avis de la majorité des exégètes, pour qui le mois de Samon correspond à octobre-novembre, *Elembiu* n'est pas en mars, mais se situe vers juillet-août (Lainé-Kerjean, 1942-1943, 258-260 ; Le Roux, 1957; Duval et Pinault, 1986, 402-403 ; Laurent, 1990, 261).

[111] Cf. Guyonvarc'h, 1962.

[112] Bischoff, 1919, 1575, 1576, 1582, 1591 ; Samuel, 1972, 68, 72, 78, 80, 98, 83, 86, 136,137.

[113] Parpola, 1994, 201-223, 263-265; cf. Sergent, 1997 a, 118-124.

cures indiens qui, comme tous les dioscures indo-européens, sont étroitement liés aux chevaux[114], et d'ailleurs l'astérisme pris plus tardivement le nom d'*asvini*. Son symbole était une tête de cheval ; or dans un mythe célèbre les Aśvina placent une tête de cheval sur un homme qui a été décapité[115]. Et les *nakṣatra* ont chacun une divinité qui y préside : pour celle-ci, ce sont bien les Aśvina[116].

Donc, mois des chevaux ou des courses de chevaux en Grèce, en Gaule, en Irlande, *nakṣatra* des atteleurs de chevaux (pour une course ?) en Inde.

Or, un autre des *nakṣatra*, le 3e, s'appelle *mrgaśiras*, « tête de *mrga* », le *mrga* en question étant une antilope, tuée par le dieu de la chasse, Rudra. Comment alors ne pas rapprocher les données grecques, puisque les mois tirant leur nom du cerf parlent d'une chasse, *Elaphêbolia*, « fête célébrant le fait de tirer sur les cervidés », consacrée à Artémis, déesse de la chasse, et, corrélativement, le mois *Elembiu* gaulois ?

Ainsi, sans pousser plus loin cette enquête qui pourrait avoir d'amples prolongements[117], il paraît se confirmer que les plus anciens Indiens ont transposé sur les *nakṣatra*, dont ils héritaient le principe de leurs prédécesseurs indusiens, soit leurs anciens noms de mois, soit au moins les idées (rituelles) qui présidaient à leur dénomination. Les données grecques permettent de penser qu'aussi bien en Gaule qu'en Inde, les références au « cerf » (ou au *mrga*) évoquent une chasse rituelle, celle au cheval une course non moins rituelle.

Il est remarquable par ailleurs que les « moments » annuels évoqués paraissent être fort proches, là où les données permettent de le savoir. Les mois grecs nommés *Hippodromios* et *Hippiôn* se situent, selon les cités, en mai-juin, juin-juillet, juillet-août. De son étude du terme *Mi Aige* en moyen-irlandais, Christian Guyonvarc'h déduit que ce mois devait se situer vers notre mois de juillet. De son côté, l'astérisme appelé *Asvayujau* comprend deux étoiles du Bélier : lequel est une constellation de printemps.

On ne poussera pas plus loin la recherche sur le moment rituel des courses de chevaux qui, de l'*Equus October* latin aux courses de Lugnasad chez les Celtes et aux Jeux Olympiques grecs, nous entraînerait loin. Il reste qu'il semble bien que ç'ait été une coutume chez les Indo-Européens les plus anciens de nommer un certain moment de l'année, un certain mois d'après l'hiver, en référence aux courses de chevaux[118].

---

[114] Puhvel, 1970 ; Sergent, 1997 a, 317-318.

[115] *Śatapatha Brahmaṇa*, XIV , 1, 1 (traduit dans Varenne, 1967, 53-54).

[116] Sur les *nakṣatra*, Filliozat, 1953, 721, 729-730.

[117] Cf., sur les correspondances mythiques entre astronomie indienne et astronomie grecque, v. ci-dessous, n. 93. Des calendriers iraniens tardifs d'Asie centrale comportent un mois appelé « cheval » (khotanais *asa*, sogdien *śpy*) (Panaino, 1990, 667), mais il s'agit alors d'un des douze mois portant un nom d'animal du calendrier commun à la Chine et à l'Asie centre-nord (cf. ci-dessous), et ce nom de mois se retrouve effectivement en chinois, en turk, en kuči, etc. Il ne prolonge sans doute pas un calendrier indo-iranien, car il n'en existe pas de ce type ni en Inde ni en Iran anciens. Cela dit, le cheval ayant été introduit en Asie orientale par les Indo-Européens, qui donc, des Chinois, des Turks, ou de certains Indo-Européens, a inséré le cheval dans la série des douze animaux ?

[118] Chose curieuse, la seule fête des cinq jours « épagomènes » romains, à la fin de février (le 27), après le Regifugium du 24 (ci-dessous), était les Equirria, une course de chevaux, qui étaient répétées le 14 mars (date insolite pour une fête, qui sont pratiquement toutes à jour impair à Rome) (cf. Magdelain, 1962, 227), un peu comme s'il s'était agi de définir une période de temps particulière.

Je rappellerai, pour en terminer sur les mois, qu'un autre trait commun aux calendriers indo-européens est la conception d'un mois divisé en deux moitiés, la première, de lune croissante, considérée comme lumineuse, l'autre, de lune décroissante, considérée comme sombre. Cette idée s'atteste :

– en Inde, de l'époque védique au présent, où elle organise toute la conception de la vie, des fêtes, des comportements. La moitié « claire » (*śukla*) est en effet « pure » ; et une équivalence est sous-jacente à toute cette représentation, à savoir que la moitié claire est à la sombre (*kṛṣṇa*) ce que le jour est à la nuit et ce que la moitié lumineuse de l'année est à la moitié ténébreuse[119];

– en Gaule, où le parallèle le plus connu à cette conception est présentée par le Calendrier de Coligny, dans lequel tous les mois sont divisés en deux quinzaines, avec jours numérotées de I à XV (ou de I à XIV, dans les mois de 29 jours). Les deux moitiés sont divisés nettement par l'insertion d'un mot, ATENOUS, sur le sens duquel on ne s'accorde guère, mais qui confirme le changement radical qui s'opère d'une moitié à l'autre[120].

C'est à juste titre que Paul-Marie Duval et Georges Pinault ont rapproché Inde et Celtes : « *La division de l'année, comme celle du mois, en deux parties approximativement égales, opposant une moitié lumineuse à une moitié obscure, semble être une disposition simple qui caractérisait l'année [celtique] comme celles de l'Inde et de l'Iran[121].* »

Ils se trompaient par contre en écrivant : « *La division du mois en deux moitiés ne se trouve qu'en Gaule et en Inde* »[122], comme le prouve ce qui suit :

– en Grèce, où la division en deux moitiés, antérieure à celle en trois décades, est parfaitement attestée. L'*Hymne Homérique à Hermès*, texte conservant une très antique matière[123], expose, en son vers 19, que le dieu, encore bébé, naquit et déroba les vaches d'Apollon « le quatrième jour de la première moitié », *tetradei ti protérei,* ce que le traducteur, Jean Humbert, a parfaitement commenté : « L'emploi du comparatif indique une division bipartite du mois »[124]. De même, dans les *Travaux et les Jours*, Hésiode détermine les jours, non pas tous à partir du début du mois, mais les uns à partir de son début, les autres à partir de son milieu[125]. Enfin, nous savons par plusieurs textes qu'à Sparte — cité conservatrice, il est bien connu — une « loi de Lukourgos » avait interdit aux Spartiates de sortir, même pour faire la guerre, avant la pleine lune[126]. Il s'ensuit, ai-je écrit, que « l'année guerrière spartiate était littéralement hachée en périodes alternantes de 15 jours, les unes

---

[119] P. ex. dans *Chāndogya Upaniṣad*, V, 10, 1-2; sur les moitiés des mois, Filliozat, 1953, 722.

[120] Lambert, 1994, 111-112.

[121] Duval et Pinault, 1986, 405. Cf. déjà Dillon et Chadwick, 17.

[122] Id., 407.

[123] Cf. Sergent, 1994, où est montrée la parenté entre Hermès et un dieu irlandais, Oengus.

[124] Humbert, 1976, 117, n. 3.

[125] Hés., *Trav.*, 765-829.

[126] Hérodote, VI, 106 ; Pausanias, I, 28, 4 ; Ps. Lucien, *De l'Astrologie*, 25.

d'activité extérieure et de guerre, les autres d'activité intérieure et de paix », et je montrais à la même occasion que cette distinction est opératoire à la fois pour déterminer la chronologie des fêtes des Spartiates et celle de leurs interventions militaires[127] ;

– chez les Germains, Tacite (*Germanie*, XI), une de nos plus anciennes sources sur ce peuple, expose que la moitié claire du mois, jusqu'à la pleine lune, est favorable ; inversement, donc, la moitié sombre ne doit pas l'être — ce qui est très proche des conceptions qu'on décèle à Sparte ;

– en Latium, a existé une expression *atri dies*, « les jours noirs », qui désignait apparemment ceux qui suivaient les Ides, donc la pleine lune, par opposition aux jours clairs qui la précédaient[128]. Cela seul indique un souvenir d'une opposition entre moitié claire et moitié sombre. Les pontifes avaient ordonné de ne pas combattre durant cette période, ce qui est l'inverse de la prescription spartiate, ni de faire des purifications ni des assemblées, ce qui au contraire y correspond.

Le linguiste suisse Jakob Wackernagel avait rapproché cette expression de certains termes, *quinquatrus*, *sexatrus*, *septimatrus*, désignation de jours suivant les Ides, selon Varron et Festus, et le second assure qu'on en trouvait de semblables à Tusculum (*triatus*, *sexatrus*, *septematrus*) ou chez les Falisques (*Decimatrus*), et parmi plusieurs autres peuples italiques[129].

Noter aussi, dans le calendrier romain, combien la première moitié du mois est « marquée », par les trois moments dénommés qui la scandent, Calendes, Nones, Ides, au contraire de la seconde moitié[130].

– en Iran enfin, le calendrier zoroastrien normalisé à mois de 30 jours (ci-dessous) montre quelques indices d'états antérieurs, et il peut être significatif qu'un texte, le *Māh Yašt*, consacre une strophe, sur sept, à l'observation de la lune dans les termes suivants :

> « La lune croît pendant quinze jours
> La lune décroît pendant quinze jours
> Sa durée de croissance est comme sa durée de décroissance.
> Sa durée de décroissance est aussi sa durée de croissance.
> Qui est celui par qui la lune croît, décroit, en dehors de toi ?
>
> (Ahura Mazdā)[131]. »

---

[127] Sergent, 1991 ; à modifier avec Richer, 2005.

[128] C'est l'explication de Johanes Lydus, *De mensibus*, 52, 1 sqq. ; sur leur place dans le mois, Hemina, *Historia*, 2, et Aulu-Gelle, *Annales*, 15, cités par Macrobe, *Saturnales*, I, 16, 24.

[129] Varron, *De Lingua Latina*, VI, 14 ; Festus, 304, 33 ; sur quoi Wackernagel, 1923-1924, 215 ; Basanoff, 1943, 17 ; Ernout et Meillet, 1967, 53 ; 558.

[130] Bien vu par Liénard, 1980, 76.

[131] Traduction de Le Coq, 2016, 382 ; cf. Panaino, 1990, 660 ; et surtout la discussion de Belardi, 1977, 113-149. La strophe est partiellement reprise dans le *Niyayišn*, 3, « A la lune », str. 5 (Le Coq, 2016, 1122).

Ainsi, l'opposition entre deux moitiés du mois, l'une sombre, l'autre claire, avec une distinction des opérations réalisables en fonction de ces moments, s'atteste en Inde et en Iran, en Grèce, chez les Celtes, chez les anciens Italiques, chez les Germains, et ce, pour les second, troisième et cinquièmes, à titre de traces. Elle appartient bien au passé, sauf en Inde, où elle a survécu. Face à une telle répartition, et à une telle antiquité, on est en droit de parler d'une conception indo-européenne.

II – Les saisons.

Le vocabulaire comparé des langues indo-européennes révèle plusieurs noms de saisons — à savoir trois : hiver, printemps, été. Cela indique fort clairement dans quel type de climat ils vivaient, à savoir ni océanique (il n'y a pas de mot pour « automne ») ni tropical comme en Inde (et les Indiens, de l'époque védique au présent, ajouteront des noms de saisons, jusqu'à six, ce qui témoigne évidemment d'un effort d'adaptation à un climat qui n'était pas celui reflété par la langue qu'ils parlaient à l'origine). Les attestations de ces trois noms de saisons sont[132] :

	hiver	printemps	été
ssk.	*hima-*	*vasanta-*	*grisma-* (*sama-* : « demi-année, année »)
v. ir.	*zya-*	*vanri-*	*ham-*
arm.	*jiwn, jmein*	*garun*	*amarn* (*am* : « année »)
hl.	*kheima*	*éar*	
alb.	*dimën*		
v. sl.	*zima*	*vesna*	
ith.	*ziema*		(*vasara*, « été »)
germ.	*goi* (v. isl.)		*sumar* (v. h. a., v. isl.)
lat.	*hiemes*	*ver*	
rl.	*gam*	*errach*	*sam*
ht.	*gimant*		

Il est aisé de remarquer a) que le nom le mieux conservé, de loin, est celui de l'hiver, attesté dans presque toutes les langues indo-européennes ; b) que le nom du printemps est au contraire très partiellement préservé ; c) que le nom de l'été l'est également, et a souffert de surcroît des dérivations de sens vers le sens d'« année », ou de « demi-année ».

Il faut rapprocher cette dernière observation de la situation gauloise, attestée — toujours — par le Calendrier de Coligny. Dans celui-ci, deux mois, distants de six, portent respectivement les noms de *Samon* (gén. *Samoni*) et de *Giamon, Giamoni* (gén. *Giamoni*). On reconnaît dans le premier un dérivé du nom de l'« été » en celtique (ajouter aux formes irlandaises ci-dessus gallois *haf*, breton *hanv*), dans l'autre le nom de l'hiver (gallois *gaeaf*, breton *gouanv*). Comme cela a été noté par les auteurs qui se sont penchés sur ce document, « ces deux mois marquent, semble-t-il,

---

[132] Pokorny, 1959, 425, 905, 1174. Il est intéressant de noter que ce rythme à trois saisons s'était conservé chez les anciens Germains (Tacite, *Germanie*, XXVI), c'est-à-dire précisément en climat continental.

une conception bipartite de l'année, coupée en deux saisons semestrielles »[133] — ce qui n'est plus le cas des Celtes insulaires chez qui l'année est coupée en quatre saisons : adaptation à un climat océanique !

Mais les textes irlandais fournissent encore le témoignage d'une telle division en deux parties, surplombant la division quadripartite : si quatre fêtes — Samain, Imbolc, Beltene, Lugnasad — rythment l'année, il a été reconnu que le temps qui va de Samain (localisé depuis saint Patrice au 1er novembre) à Beltene (localisé au 1er mai) est la saison froide et sombre, l'autre saison, de Beltene à Samain, étant la saison claire et chaude. La parenté avec les données gauloises est patente, d'autant que le nom de *Samain* est issu du même nom de saison que le *Samon* du Calendrier de Coligny.

Or les Celtes, auteurs du Calendrier de Coligny aussi bien qu'Irlandais anciens, en divisant leur année en deux grandes moitiés, respectent pleinement un principe classificatoire du temps qui s'atteste exactement en Inde, où, comme je le signalais plus haut, aux moitiés claire et sombre du mois répondent les moitiés claire et sombre de l'année.

Ce système a laissé peu de traces ailleurs, dans le monde indo-européen. Les textes avestiques font parfois état d'une année divisée en deux moitiés, hiver et été. Surtout, on peut retrouver le souvenir d'une telle répartition dans certains cycles de fêtes : l'Iran ancien, justement, connaissait deux grandes fêtes, situées respectivement à l'équinoxe d'automne (le Nauruz) et à l'équinoxe de printemps (le Mihrjan). Cela rappelle, avec un décalage dans le temps, le couple irlandais Samain-Beltene. Mais cela rappelle aussi des cycles de fêtes opposant celles de printemps et celles d'automne (la terminologie est la nôtre, bien sûr), les premières ouvrant la saison agricole, la période guerrière, parfois l'époque de la navigation, et les secondes les fermant. De tels couplages s'observent chez les Hittites, les Grecs (en tout cas à Athènes), à Rome[134].

Une autre trace peut en être observée en Grèce, où en tout cas on avait fortement conscience de cette répartition : selon Aristote, à Athènes les fonctions militaires sont pourvues « dans la première prytanée après la sixième », pour autant que les présages sont favorables[135] : donc, élections civiles et militaires alternent avec un décalage de six mois.

Mais ces observations sur l'année indo-européenne et sa division en semestres ont deux conséquences :

---

[133] Lambert, 1994, 110.

[134] Cf. Sergent, 1995 a, 365, avec les références. Sur l'héortologie indo-européenne, *ibid.*, 360-375. Sur un simple couplage de saisons dans les textes avestiques, v. *Yašt* V, 5, le cours d'eau sortant de la mer Vou-rukaša est « emporté été comme hiver » (Le Coq, 2016, p. 346), et *Videvdāt*, V, 10, « la saison de l'été passe, voici l'hiver » (Id., p. 907) : on voit que les saisons « de transition » sont absentes.

[135] Artt., *Constitution d'Athènes*, XIVL, 4.

a) il existait un temps saisonnier, donc solaire, indépendant du temps lunaire :
ces deux mesures du temps coexistaient simplement et nul, sans doute, pendant
longtemps, n'a songé à les mettre en relation. Cette double mesure du temps est
celle-là même qui existe en terre d'Islam, où la mesure lunaire du temps, avec
douze mois faisant un total de 254 jours, donc parcourant régulièrement l'autre
« année », n'interdit nullement les gens d'avoir conscience d'une mauvaise et
d'une belle saison, selon le cycle annuel solaire. Nous-mêmes faisons courir les
semaines indépendamment du quantième des mois, et ne sommes pas gênés — en
notre conscience, j'entends — par ce double comput.

En d'autres termes, il n'y avait nul besoin, en cette époque indo-européenne lointaine, d'une année luni-solaire. Il y en avait deux, une lunaire, une autre solaire[136].

b) il s'ensuit également que la division en trois, que nous avons retenue ci-dessus en fonction des données linguistiques, n'a pas de sens, ou plus exactement n'a
pas le sens qui paraissait à première vue : si l'année se divise en deux semestres, rigoureusement conçus comme les phases claires et sombres de périodes répondant
ainsi au jour et à la nuit, on ne voit pas quelle place peut avoir le printemps.

Si l'on ajoute à cela que les termes issus de l'indo-européen *wesr* (génitif
wesnes) limitent pratiquement leur signification à « printemps », et comprennent
très peu de dérivés concernant d'autres catégories (tels qu'« animaux d'un an »),
que fournissent abondamment les autres termes (« hiver », « été », et, ci-dessous,
« année »), on arrive à la conclusion suivante : bien loin d'avoir été un nom de
« saison », le nom indo-européen du « printemps » désignait un moment, l'étape
liminale par laquelle l'été (c'est le semestre clair, la belle saison) se manifeste
pour la première fois à la fin de l'hiver[137].

D'ailleurs, le nom du « printemps », *wesr*, est rattaché à une racine *h_2-eu-s*,
« briller », appliquée « particulièrement au début du jour », dit Pokorny, car elle
fournit le nom de l'« aurore » en indo-européen, *H_2eus*, d'où le grec *Eôs*, le latin
Aurora (d'*ausosa*), le vieil-indien *Usah*, l'avestique *usa*, lithuanien *ausra*, etc.
Et la même racine, développée en *austro*, a fourni dans les langues germaniques
un ancien nom du « printemps » — ainsi dans le vieil-anglais *Eastre*, « déesse du
printemps » — et de là les noms de « Pâques » — événement printanier : v. h. a.
ost(a)ra, allemand *Ostern*[138].

Ainsi, le « printemps » indo-européen était l'« aurore » de l'été. Ce qui explique
à la fois, d'un côté, sa disparition dans beaucoup de langues, et de l'autre, son extension pour désigner finalement une saison, lorsque le besoin s'en est fait sentir.

---

[136] Il n'y a donc pas besoin de poser, comme le font Holleman, 1976, 201, et les autres auteurs qui pensent
que l'année lunaire fut à Rome un apport des Étrusques (!), que l'année solaire est « antérieure » à l'année
lunaire, dans l'histoire du calendrier romain.

[137] Déjà vu par Nehring, 1929, 682. C'est aussi à laquelle aboutit Bader, 1992, 153, par d'autres voies.

[138] Pokorny, 1959, 86-87. Pour la forme de la racine, Bader, 1990, 55, n° 48-49.

Quant à l'automne, elle est encore plus tardive, car elle porte un nom différent dans chaque langue, ce qui signifie que le concept n'a été élaboré qu'après la dispersion des Indo-Européens.

III – L'année.

Il existait un nom de l'« année » en indo-européen, bien conservé dans la plupart des langues, soit directement, soit par des dérivés :

	« année »	dérivés [139]
ssk.	*vatsa, vatsara-*	*vatsa-*, « bovin d'un an », etc.
sogdien		*wtsnyy*, « vieux »
hl.	*wetos*	*etelon*, « animal d'un an » *etesios*, « annuel », etc
alb.	*vit*	*vjetë, vitsch*, « veau »
v. sl		*vet ch es*, « vieux »
v. lith.		*vetusas*, « vieux, âgé »
germ.		goth. *vi rus*, « agneau d'un an » all. *Widder*, « bélier »
lat.		*vetus*, « vieux » ; *vitulus*, « veau », etc.
irl.		*feis*, « truie »
ht.		*wett-*

Le sens primordial d'« année » est assuré par le fait que trois des langues les plus anciennement attestées, le hittite, le grec et le sanskrit, s'accordent sur ce sens. *Wetos* est bien attesté déjà en mycénien[140], langue du -IIe millénaire, comme le hittite. Mais l'abondance des sens se référant à des animaux domestiques (le veau, en vieil-indien, en albanais, en latin, en ombrien et plus généralement, semble-t-il, dans les langues italiques ; l'agneau, d'où le bélier, dans les langues germaniques — à côté des formes gothique et allemande citées, on a aussi vieil-islandais *vedhr*, v. h. a. *widar* — la truie en celtique — vieil-irlandais, cornique, vieux breton ; le grec conserve, avec *ételon, étalon*, le sens initial d'« animal d'un an »), tout comme ceux, qui en dérivent en quelque sorte au second degré, d'« âge », et encore au-delà de « vieux » (en iranien, latin, balto-slave), renvoient à une conception très concrète de l'« année » : les Indo-Européens étaient des éleveurs[141], et l'« année » appelée *wétos* était manifestement celle de ces éleveurs.

---

[139] Id., 1175. On ne donne ici qu'une petite partie des formes attestées.

[140] PY Aq 64.2, Ma 365.2, Es 644.1-13. Le mot désigne parfaitement en cette langue l'année en cours, de même que *vatsara* en sanskrit, ce qui exclut que le sens primordial du mot ait été « année passée », comme l'ont voulu naguère certains auteurs (ainsi Schrader, 1901, 977 – ce que Nehring rectifiera dans sa seconde édition du livre de Schrader, 1929, II, 632 ; Niederle, 1926, 332). C'est manifestement l'usage du mot pour désigner les animaux " d'un an " (donc d'une année achevée, passée) qui a orienté le développement de sens, dans les dérivés précisément, vers celui d'« année écoulée ».

[141] Sergent, 1976, 172-176.

On rapprochera ces développements sémantiques de ceux que forment également ment des dérivés des noms de l'« hiver » et de l'« été » :

— de la forme *ghyom- du nom de l'hiver, irlandais *gamuin*, « veau de l'année » ; de la forme *ghimo-, hl. *khímaros*, « bouc », au féminin « chèvre d'un an », et *khímaira*, « chèvre » ; norvégien dialectal *gimber*, suédois dialectal *gimber*, danois *gimmerlam*, « agnelle », « agneau d'un an », ancien franc *ingimus*, « porcelet d'un an », v. isl. *gymbr*, « truie d'un an », et isl. *gummar*, norv. et suédois *gumse*, « bélier » [142].

— de *sem-, « été », on a des dérivés germaniques d'éleveurs : v. isl. *simull*, *simi*, *simir*, « bœuf d'un an », norvégien *simla*, « renne femelle », suédois *somel*, « petit de renne » (les langues celtiques ont développé des dérivés de sens agricoles : moyen-irlandais *samad*, « oseille », breton *havreg*, « champ en jachère », gaulois *samolus*, « oxalide », *samara*, « semence d'orme » — d'où notre *samare*)[143].

Notons encore, dans le même type de conceptions, le comptage des années aussi bien à partir de *wétos, « année », qu'à partir de l'« hiver » : à côté de grec *dietês*, « de deux ans », *hexetê(a)*, « de six ans », et *heptaetês*, *pentaetês*, *trietês*, et d'albanais *parvjet*, « il y a deux ans », on a en latin les formes *bimus* (de *bihimos, « de deux hivers »), *trimus*, *quadrimus*, « mots de la langue rurale, s'appliquant aux animaux qui, nés au printemps, ont passé deux, trois, quatre hivers », écrivent Ernout et Meillet, et en ssk. *śatahima*, « de cent ans »[144].

On comprend ainsi qu'il ait pu y avoir des glissements de sens, entre les notions d'« année » et d'« été » — tandis que l'hiver, solidement ancré dans sa froidure, offrait moins de possibilités d'écarts de sens.

En somme, le *wetos était ce qui englobait les deux semestres, le froid, *gheimen– ou ghyom-, et le chaud, *sem-. Cela concernait principalement la langue des éleveurs, et était totalement indépendant d'un comput lunaire du temps. Par ailleurs, on mesure mieux combien le « printemps » est étranger à ces développements de sens : il n'était décidément pas une « saison », mais, je le répète, un moment liminal, une aurore de l'année.

IV – Réalisation d'une année luni-solaire.

La forme de l'année « indo-européenne » reconstituée jusqu'ici s'est fondée essentiellement sur les comparaisons de vocabulaire : il est certain qu'ainsi on atteint le niveau de profondeur chronologique requis pour être en mesure de parler d'une culture commune aux « Indo-Européens ».

Pourtant, lorsque les peuples indo-européens paraissent dans l'histoire, et que nous disposons d'assez d'informations sur leur calendrier, ils sont tous passés à une année luni-solaire.

---

[142] Pokorny, 1959, 425-426.

[143] Id., 1175.

[144] Id., 426 ; Chantraine, 1968, 383 ; Ernout et Meillet, 1967, 294.

S'agit-il, dans tous les cas, d'une acquisition récente ? C'est-à-dire, les peuples de langues indo-européennes ont-ils perdu les uns après les autres leur calendrier lunaire primitif, par exemple sous l'influence d'autres civilisations plus développées ? Dans cette dernière hypothèse, mon travail s'arrêterait ici : l'année luni-solaire ne concerne plus le temps « indo-européen ».

Mais ce n'est pas ce qu'on observe, et ici il faut bien dire que la plupart des historiens du calendrier n'y ont vu que du feu. L'étude comparée des calendriers indo-européens anciens révèle de la manière la plus nette qu'une forme d'élaboration d'un calendrier luni-solaire est commune à la plupart d'entre eux, fonctionnant de la même façon. Dès lors, il est impossible de ne pas poser le problème en termes d'héritage commun, autrement dit de ne pas supposer que, dès les temps d'une culture indo-européenne encore indivis, le stade « lunaire » avait été dépassé et une forme d'adaptation luni-solaire réalisée. Que ce travail n'ait pas laissé de trace linguistique dans le calendrier n'est que normal — encore en décèlera-t-on une.

On constate en effet que pratiquement tous les peuples indo-européens anciens pratiquaient le raccordement luni-solaire de la manière suivante : après un nombre x d'années composées de mois lunaires (synodiques, cf. plus bas), donc prenant du retard (environ dix jours par an) sur l'année solaire, un mois (également lunaire, bien sûr) était intercalé, pour combler le retard, voire pour prendre de l'avance. Cette méthode est totalement différente de celle des jours supplémentaires (les jours « épagomènes » du calendrier égyptien), puisqu'elle préserve parfaitement le cycle mensuel lunaire. Elle se complète d'ailleurs d'une irrégularité du nombre de jours par mois, pour que le calcul mensuel ne prenne pas d'avance sur le cours réel de la Lune (dont la durée exacte du cycle synodique est de 29 jours, 12 heures, 44 minutes, 2 secondes quatre-vingt quatre). Ainsi :

— en Grèce, où (dans le cas d'Athènes tout au moins) les mois étaient soit de 30 jours (mois pleins, *plereis*), soit de 29 (mois caves, *koiloi*), on alternait périodiquement un mois, à savoir, en hiver, on doublait le mois Poseideôn. La période a varié : selon la tradition athénienne, ce mois fut ajouté initialement à l'époque de Solon, au début du VIe siècle : un mois aurait alors été ajouté tous les deux ans. Un tel calendrier n'était pas viable, ayant les défauts, en sens inverse, de ce qu'il voulait corriger, et, au début du Ve siècle, Athènes intercalait, semble-t-il, un mois tous les trois ans. Puis, dans le courant de ce siècle, une réforme créa le cycle octaétérique : sur huit années, trois (la troisième, la cinquième, la huitième, selon Géminos ; la troisième, la sixième, la huitième, selon l'*Ars Eudoxi*) recevaient un mois supplémentaire. Enfin, la coïncidence n'étant toujours pas parfaite, une nouvelle réforme, attribuée à l'astronome Métôn, définit une période de 19 ans, au sein de laquelle douze années étaient des années courtes (de 355 et 354 jours) et sept des années longues (de 384 et 383 jours) : c'est-à-dire, à mois supplémentaires[145]. Ainsi, les progrès astronomiques en Grèce ont cherché à préciser la finesse de l'accord entre mois lunaire et année solaire, et nullement à imposer un cadre fixe de mois au nombre de jours fixes suppléés par des jours de raccordement.

---

[145] Géminos, VIII, 27-33 ; Censorinus, XVIII. Cf. Couderc, 1986 (1946), 64-68 ; Samuel, 1972, 58-59.

– en Inde, l'année védique commune comptait 360 jours, soit un déficit de cinq jours, qui était comblé par un mois ajouté, à des moments variables[146]. Ce mois est de 30 jours, selon l'*Atharva-Veda*[147], de 25 ou 26 jours selon, le *Satapatha-Brahmana*. En effet, « les mois ordinaires étant de 30 jours, il était nécessaire de compléter chaque période de cinq ans par un mois supplémentaire qu'il était moins inexact de prendre de 25 ou 26 jours que de 30 »[148]. Il est vraisemblable que les mois étaient de 30 jours, comme en Iran (ci-dessous), seul moyen de parvenir à un total de 360 jours, et meilleure explication de ce que le mois supplémentaire ait également compté 30 jours. On comptait en tout cas, dans l'Inde post-védique, seize jours pour la première moitié, et quatorze pour la seconde, ce qui fait bien un total de trente[149]. C'était sans doute 15 + 15 à l'époque védique[150]. On soulignera que l'Inde n'a pas pris le système égyptien, qui « réglait » pourtant le problème « simplement », en ajoutant cinq jours aux trois cents soixante : elle a respecté la règle (donc, héritée) de l'intercalation périodique ;

– en Iran, le plus ancien calendrier comprenait des mois de 30 jours (il n'était donc déjà plus, tout comme en Inde, parfaitement lunaire), ce qui faisait une année de 360 jours ; la méthode de complément était semblable : on insérait un mois périodiquement, tous les six ans (selon Biruni). C'est le calendrier zoroastrien, que les Arsakides (les souverains parthes de l'Iran) adoptèrent comme année civile. Plus tard, sous les Sassanides semble-t-il, l'Iran adopta la méthode égyptienne, en ajoutant régulièrement 5 jours à son année de 360 jours. Il s'écartait alors définitivement de l'usage hérité indo-européen[151].

Le premier calendrier est très proche de celui de l'Inde védique, et il est logique, vu l'étroite parenté des plus anciennes langues de l'Inde et de l'Iran, de penser qu'il y a là un héritage commun[152] : le calendrier indo-iranien aurait compté 360 jours, avec un mois de 30 jours inséré périodiquement. Pour maintenir le rythme de cinq ans (ci-dessous), les Indiens ont fini par retirer des jours à ce mois, tandis que les Iraniens ont préféré, d'abord, un peu comme les Grecs, augmenter la durée des cycles, puis allonger le cycle d'une année de quelques jours, en se séparant alors définitivement du cycle lunaire.

---

[146] Renou et al., 1947, 379. Cf. l'allusion dans le *Rg-Veda*, I, 25, 8 : « douze mois avec leur enfant, celui qui est en sus ».

[147] *A. V.*, XII, 3, 8 ; ce sera encore la position du *Jyotisavedanga*, « Appendice astronomique du Veda », pourtant postérieur aux hymnes védiques.

[148] Filliozat, 1953, 178.

[149] Dumézil, 1968, 246.

[150] Filliozat, 1953, 722.

[151] Cf. Nyberg, 1934 ; Belardi, 1977, 77-81 ; Panaino, 1990, 662.– Le calendrier achéménide comprenait aussi douze mois de trente jours, mais la méthode d'intercalation est inconnue, cf. Panaino, 659, avec les références sur les discussions. Quant au calendrier à 360 jours et 5 épagomènes, il eut un énorme succès, car, à partir de son adoption en Iran, il fut adopté en Cappadoce, en Arménie, et fut conservé longtemps en divers pays de langue iranienne (Khoresmie, Sogdiane, Seistan), v. sur ce Panaino, 663-666.

[152] Mary Boyce, dans Menasce, 1973, 263. Sur l'origine égyptienne de cette méthode, Taqizadeh, 1938.

– chez les Celtes, la nature luni-solaire, identique aux précédentes, du calendrier a été démontrée par le fameux Calendrier de Coligny. Ce calendrier couvre cinq années, à savoir cinq fois 12 mois plus deux mois supplémentaires. Ces mois, de 30 jours, étaient ajoutés tous les 30 mois. Soit un système de même principe mais de réalisation toute différente du calendrier grec : alors que celui-ci cherche toujours à réaliser l'accord luni-solaire *in fine*, le calendrier gaulois n'hésite pas à allonger l'année (jusqu'à 385 jours !), sans problème puisque les années à venir combleront l'avance prise. Les intercalations se font en début de la première année et en milieu de la troisième année, ce qui diffère encore du tout au tout des conceptions grecques. Celtes et Grecs s'accordent néanmoins dans l'alternance des mois de 30 et de 29 jours. Et les premiers sont appelés MAT, « bon », à Coligny, les seconds ANMAT, « non bon », ce qui rappelle l'opposition, systématique à Rome, des jours fastes et néfastes[153] — comme aussi les portions de temps dites « à abandonner », en Inde ancienne, « c'est-à-dire pendant lesquelles on ne doit rien entreprendre parce qu'elles sont néfastes »[154]. La notion de « jours favorables » ou « défavorables » existait aussi chez les Hittites[155] et chez les Germains[156].

– chez ces derniers, l'ancien calendrier païen est certes inconnu, mais, outre que Tacite leur attribue tout de même un calendrier lunaire[157], un texte remarquable du grand Bède (le Vénérable : ô combien !) expose comment fonctionnait le calendrier anglo-saxon pré-chrétien[158] : il comprenait d'ordinaire douze mois lunaires, dit-il, mais parfois treize.

– à Rome, le plus ancien système perceptible comprenait des mois lunaires, de 29 ou 30 jours. Est-il vrai, comme le pensaient les anciens, et à leur suite bien des modernes, que le calendrier primitif, dû à Romulus (!), ne comptait que dix mois — et qu'ainsi le jour de l'an parcourait en cinq ans à reculons le cycle complet des saisons[159] ? C'est Numa Pompilius, second roi, qui aurait ajouté deux mois, à savoir janvier et février. Las ! L'un et l'autre de ces rois sont mythiques, et les faits et gestes attribués à l'un et à l'autre obéissent à des schèmes traditionnels en lesquels il est vain de chercher de l'histoire[160]. Sans m'aventurer davantage dans les arcanes de l'histoire du calendrier romain (et des calendriers italiques), je note que lorsque Rome entre dans l'histoire, son calendrier lunaire comprend un mois supplémentaire, de 22 ou de 23 jours, le *mensis intercalaris*, parfois appelé *Mercadinus* ou *Mercedonius*, et inséré tous les deux ans. Ce qui faisait naturellement une

---

[153] Duval et Pinault, 1986 ; Lambert, 1994, 108-115 ; Le Contel et Verdier, 1997. A Rome : Kirsopp Michels, 1967, 36-83 ; Dumézil, 1966, 535-536 ; Liénard, 1980, 86.

[154] Filliozat, 1953, 727.

[155] Christmann-Frank, 1971, 65, 69.

[156] Tac., *Germ.*, XI, 2.– Cf. Boyer, 1974, 47 : en Scandinavie ancienne, les « grandes cérémonies religieuses coïncidaient, autant que l'on sache, avec les principales phases lunaires ». Et cf. ci-dessus, n. 7.

[157] *Ibid.*

[158] Bède, *De Temporum Ratione*, 15 (édition Jones, 1943) ; cf. Harrison, 1973, 264, 285.

[159] Couderc, 1986 (1946), 69.

[160] Dumézil, 1941-1948, 1943, 1947, 1949, 1968, 259-437 ; Poucet, 1985 ; etc.

année trop longue (phénomène observé également dans le Calendrier de Coligny, ci-des-sus) : une année comptait 355 jours, la suivante 377, la troisième 355, la quatrième 378, car on avait alors ajouté un Mercedonius de 23 jours. Le cycle tournait ainsi sur quatre années, avec une année d'en moyenne 366 jours[161].

C'est cette année qui est attribuée à Numa. Je me permets de tenir l'antérieure, de dix mois, de Romulus, pour mythique[162], du moins quant à l'histoire proprement « romaine ». En effet, elle n'a aucune preuve historique d'existence, puisqu'elle remonte à la « préhis-toire » légendaire de Rome, l'année historique plongeant elle-même ses racines dans la pré-histoire, avec le roi non moins mythique que Romulus qu'est Numa. Là où tous les peuples indo-européens anciens ont un calendrier de douze mois, à mois intercalaire supplémen-taire, ce qui est exactement le cas de l'année romaine pré-julienne, il faudrait que les pre-miers Romains aient connu une année plus courte, et sans intercalaire. C'est totalement im-probable. Au plus soupçonnera-t-on l'idée de l'année de dix mois, soit d'être issue d'un temps où les deux premiers (sur douze) n'avaient pas encore de nom, pas plus que les cin-quième et suivants[163], soit d'être une année autre qu'indo-européenne (ci-dessous). Mais dans ce second cas, l'année « romuléenne » est très antérieure à la fondation de Rome, et même à la venue des porteurs des langues italiques en Italie.. !

En fait, on voit que tous les calendriers anciens de peuples indo-européens sur lesquels on possède des informations contemporaines des sources comprennent une série de douze mois lunaires, nommés ou non, formant ensemble une année trop courte, telle qu'il fallait la compléter périodiquement par un mois supplémentaire.

Ces calendriers présentent des points communs précis : alternance, souvent, de mois de 30 et de 29 jours, division de deux quinzaines dans le mois, alternance aussi des jours ou périodes fastes et des néfastes.

---

[161] Censorinus, *De Die Natali*, XX, 2-5 ; Ov., *Fastes*, I, 27 ss. ; III, 99 et 119 ss. ; Aulu-Gelle, III, 16, 16 ; Servius, *à* Virg., *Georg.*, I, 43 ; Plutarque, *Vie de Numa*, XVIII, 2 ; Jean le Lydien, *De Mensibus* ; Macrobe, *Saturnales*, I, 12, 3 – 13, 1 ; Solin, I, 34-36 ; Pline, *Hist. Nat.*, VII, 49, 155 ; cf. Kirsopp Michels, 1967, 160 ; Müller, 1982, 553 ; Guittard, 1975 ; Samuel, 1972, 158-164 ; Liénard, 1980, 82 ; Holleman, 1981. Censorinus, XX, 1, témoigne de l'existence de l'intercalation chez d'autres peuples du Latium.

[162] C'est à peu près la position de nombreux auteurs, tels Hartmann, 1882 ; Païs, 1898, 339-340 ; De Sanctis, 1907, 516-523 ; Mancini, 1921, 76 ; Rose, 1944-1945 ; Nilsson, 1920. La position dominante de nos jours est d'accepter la notion d'une année antérieure de 10 mois (nombreuses références dans Poucet, 1985, 217), selon une conception bien définie par Guittard, 1975, 206 : « s'il n'existe aujourd'hui encore aucune preuve concrète de son existence (de l'année de dix mois), rien non plus ne s'oppose à ce qu'elle ait été en vigueur à un moment donné » : avec de tels « arguments », on irait loin ! Et cette position sous-tend qu'on admette l'existence « histo-rique » de Romulus – dont le nom est évidemment, au contraire de ce que dit la tradition, tiré du nom de Rome ! – On verra par contre ci-dessous qu'il peut y avoir un rapport, *ab origine*, entre l'année « romaine » de dix mois et le comput du temps par durées de neuf jours, attesté précisément à Rome dans les *nundinae*.

[163] C'est la position également de De Sanctis, *l. c.*, et de Gjerstad, 1961. Ces mois pouvaient être taboués. On rapprochera la situation romaine « romuléenne » de celle décrite par Bède chez les Anglo-Saxons, où deux fois, en décembre-janvier et en juin-juillet, un même nom (respectivement *Giuli* et *Lida*) était donné à deux mois consécutifs (*De Temporum Ratione*, 13). Il peut y avoir là la trace d'un temps où deux mois (décembre et juin, les mois des solstices ?) n'étaient pas nommés, cf. Hirt, 1907, 544. Il reste qu'il y a, à l'autre bout du monde indo-européen, une allusion, dans l'*Aitareya Brahmana*, IV, 22, 1, à une année de dix mois. On reviendra sur ce plus bas, au sujet de l'année sidérale.

On admet souvent que ce type de calendrier a été emprunté par les Indo-Européens aux Mésopotamiens[164] : c'est fort possible, car l'astronomie, à Sumer, est à peu près aussi anciennement attestée que les documents écrits, et il est de fait que le calendrier mésopotamien ressemble beaucoup à ceux que l'on vient d'étudier — mois alternants de 30 et 29 jours, raccord luni-solaire opéré (sur ordre du roi) grâce au doublement d'un mois, en moyenne tous les trois ans[165].

Il est certain que les Indo-Européens ont parfois subi l'influence de la zone de civilisation particulièrement avancée, et en progrès constants pendant des millénaires, du Proche-Orient (c'est par exemple d'elle qu'ils paraissent avoir reçu l'usage de la roue[166], certains jeux[167], la gamme musicale[168]). Une partie de cette influence s'exerçait, semble-t-il, par une sorte de prolongement septentrional de la zone nucléaire proche-orientale, à savoir la civilisation de Turkménie, située au nord du rebord septentrional du plateau iranien : ils paraissent lui avoir emprunté également ment des jeux[169], et ou des formes de maisons[170].

Mais la question suivante se pose alors : l'emprunt de ce calendrier mésopotamien s'est-il fait séparément chez chaque peuple, ou au contraire les Indo-Européens l'ont-ils fait lorsqu'ils étaient encore unis, ou du moins encore proches géographiquement ?

La première position est implicitement celle de plusieurs spécialistes, par exemple l'astronome Paul Couderc, auteur d'un vade-mecum classique sur le calendrier, qui nous assure sans hésitation que « les Grecs firent d'abord usage d'un calendrier purement lunaire », puis introduisirent l'alternance[171] ; qu'à Rome, « le mois fut d'abord purement lunaire »[172], qu'enfin « en Gaule, l'année fixée par les Druides était lunaire »[173]. À croire que l'auteur ne connaît pas le Calendrier de Coligny !

En fait, on soulignait à l'instant comment les mois indo-européens présentent de nets points communs d'une culture à l'autre, et souvent dans des conditions qui recoupent les familles linguistiques : les mois de 30 jours sont ceux des Indiens et les Iraniens, or ces peuples forment ensemble la famille indo-iranienne ; les intercalations qui allongent l'année, avec des mois alternant de 29 et 30 jours, concernent les Italiques (Rome, Latium) et les Celtes (Coligny) : or, Celtes et Italiques forment en-

---

[164] Cf. ci-dessus, n. 6. Et de même Weber, 1859, 388 ; 1898, 224 ; Loth, 1903, 111 ; etc.

[165] Couderc, 1986 (1946), 57-58.

[166] Sergent, 1995, 397.

[167] Id., 256-258 ; 1997 a, 234.

[168] Id., 1995, 268-269.

[169] Id., 1997 a, 234.

[170] Id., 1997 a, 170, 234.

[171] Couderc, 1986 (1946), 64.

[172] Id., 69.

[173] Id., 53.

semble la famille italo-celtique[174]. S'il y a donc eu influence proche-orientale de manière séparée, elle remonte en tout cas très haut dans le temps, puisqu'elle a concerné d'une part l'ancienne unité linguistique indo-iranienne (IIIe millénaire)[175], et l'ancienne unité italo-celtique (sans doute aussi ancienne). Or, les conditions ne sont pas du tout les mêmes : la première famille était quelque peu voisine du Proche-Orient, et surtout de son prolongement septentrional dit de la Civilisation de Turkménie ; la seconde se situait en Europe centrale... donc bien loin ![176]

Si l'on ajoute à cela que les mythes et symboles concernant le nombre 365 se rencontrent d'un bout à l'autre du domaine indo-européen : le roi achéménide, iranien donc, était accompagné d'une garde de 365 jeunes gens vêtus de rouge, et le roi d'Ulster Conchobar, paradigme des rois irlandais anciens, était accompagné de 365 jeunes gens — il est aussi maître de la « Branche Rouge », secteur de l'armement du palais royal — tandis que le roi franc Clovis se serait converti au christianisme accompagné de 364 hommes[177] ; un mythe irlandais parle du dieu Miach, qui fut tué sur son père, alors de ses nerfs et de ses articulations naquirent 365 plantes médicinales, mythe proche d'un mythe iranien dans lequel le Mauvais Esprit tue le premier bovin, du corps duquel naissent 70 plantes, dont 12 médicinales, et d'un mythe indien, selon lequel Prajapati, qui est (entre autres) l'Année divinisée, fut sacrifié, et il fallut avoir recours à toutes les herbes et médecines pour le restaurer[178]. Si l'on tient compte de ces parentés d'un bout à l'autre du monde indo-européen, donc, on conclut sans hésitation que les Indo-Européens, avant même leur séparation en familles distinctes, avaient une claire conscience de la durée réelle de l'année.

Une telle connaissance n'a pas lieu d'étonner, même à très haute époque : la différence de comput entre celui par lunes et celui par saisons est tel, avec un décalage perceptible au bout de quelques années seulement, que les hommes ont précocement pris l'habitude de repérer des points fixes dans l'année grâce aux étoiles : les Pléiades, Sirius, Orion, ont été très tôt des points de repères, par leur lever et leur coucher, comme on le voit par le rôle qu'ils jouent dans les cultures (de niveau culturel néolithique) de l'Amérique amérindienne[179], et un compte précis du nombre de jours de l'année a pu être ainsi fixé très tôt. À haute époque grecque, Hésiode, dans *les Travaux et les Jours*, présente à ses « concitoyens » un calendrier entièrement déterminé par les étoiles.

Une autre coïncidence importante entre calendriers indo-européens est l'existence de cycles réunissant 5 années. On a dit comment le Calendrier de Coligny représente un tel cycle, et qu'il intègre deux intercalations dans un ensemble de 5 années. Les Latins, lors même qu'on leur connaît un cycle calendaire roulant sur quatre années (ci-dessus), opéraient tous les cinq ans une cérémonie de purification dite *lus-*

---

[174] Sergent, 1995, 69-71.

[175] Id., 1997 a, 174-178.

[176] Id., 1995, 416-420.

[177] Id., 1995, 277.

[178] Lincoln, 1986, 212, n. 39 ; Sergent, 1997 a, 366.

[179] V. surtout Lévi-Strauss, 1964, 203-287.

trum, opérée par les censeurs, et comprenant, selon certains témoignages, une procession circulaire de l'armée[180] : il est tentant de voir en cela la représentation du cycle solaire complet, s'étalant donc sur cinq ans. De même, l'Inde védique avait élaboré un cycle de 5 ans, appelé *yuga*, « joug », qui était celui au terme duquel la lune et le soleil avaient achevé l'une et l'autre un nombre entier de révolutions[181].

Or, le mot *iug-* figure, dans une expression qui paraît indiquer un « changement », un « tour » (de cycle ?), sur le Calendrier de Coligny[182] : est-il le nom de l'ensemble ?.. En ce cas, Indiens et Celtes, au-delà cinq milles kilomètres, auraient nommé de la même façon le cycle de cinq ans.

De toute manière, nom identique ou pas, on constate ici un remarquable accord entre Indo-Européens de l'est et de l'ouest ; et cet accord ne doit rien à une influence mésopotamienne, car rien de tel n'existait dans le Proche-Orient. Il y a là au contraire confirmation de ce que les astronomes indo-européens — les prêtres, bien sûr — observaient scrupuleusement le ciel, étaient en mesure de calculer une année, de repérer les longueurs de cycles et les conjonctions luni-solaires. Il y a là une astronomie propre — qui est la source lointaine, je ne l'étudierai pas ici bien sûr, des astronomies indiennes et grecques[183].

Je conclus donc : les Indo-Européens, ou du moins les plus instruits, les prêtres, après une phase de calendrier purement lunaire (ce, uniquement à époque commune, indivise), ont dû très tôt calculer le temps annuel, et parvenir à l'estimation de 365 jours. Ce, sans doute à époque encore indivise. Il y avait alors coexistence de deux temps distincts, sans interférences, un peu, je l'ai dit, comme chez nous les mois et les semaines. Puis, très tôt aussi — je veux dire, encore à une époque de communauté, ou du moins de proximité ; chacune des phases a pu, par ailleurs durer plusieurs siècles ! — ils ont essayé de combler l'écart entre année de douze mois lunaires et année de 365 jours solaire : cela s'est sans doute fait sous influence mésopotamienne. Mais alors, ce seul fait indique l'antiquité du phénomène : il ne peut qu'être antérieur à l'installation des Italo-Celtiques, des Germains, dans l'ouest de l'Europe. Il remonte nécessairement au temps où les Indo-Européens étaient encore relativement groupés, dans l'est de l'Europe (Russie méridionale, Ukraine : au IVe millénaire). Et c'est à la même époque que, sans aucune influence externe semble-t-il, ils ont conçu un cycle de raccord luni-solaire de cinq ans.

L'alternance des mois de 30 et de 29 jours, commune aux Latins, aux Celtes, aux Grecs, représente peut-être un état ancien : le mois ne s'est fixé à 30 jours que relativement tard en Mésopotamie. Le mois de 30 jours indo-iranien représente une influence de second rang, une fois cette durée fixée pour le mois en Mésopotamie : les Indo-Iraniens les plus anciens, encore unis au IIIe millénaire, restaient sous l'influence du Proche-Orient, dont ils n'étaient pas très éloignés[184].

---

[180] Ernout et Meillet, 1967, 371.

[181] Filliozat, 1953, 183, 726.

[182] Duval et Pinault, 1986, 401-402, 424.

[183] Sur les parentés mythologiques entre astronomies de l'Inde, de la Grèce et même de l'Italie, Scherer, 1953, 131-177 ; David, 1994 ; Sergent, 1997, 340-343 ; 1997 b.

[184] Ci-dessus, n. 85.

Je terminerai avec quatre points, annexes, mais corrélés à cette question du temps indo-européen.

a) On voit que les Indo-Européens anciens n'ont jamais utilisé un système de type égyptien, avec un calendrier de nombre de jours fixe complété en fin d'année par quelques jours (cinq, en Égypte) pour parvenir au nombre total de jours annuels.

Même lorsque leur année (lunaire) aboutissait à un nombre de 360 jours, en Inde et en Iran, et qu'il leur était facile d'utiliser ce mécanisme, ils ne l'ont pas fait (sinon dans un calendrier relativement récent, en Iran), et ont préféré maintenir le système de l'intercalation de mois entiers.

On le comprend : le système restant fondamentalement lunaire, les moitiés de mois jouant toujours un rôle fondamental, en fonction même du cycle mensuel lunaire, ajouter cinq (ou x) jours eût eu pour résultat de décaler le calendrier lunaire de la lune, et d'anéantir la pertinence du système.

On perçoit alors combien la thèse, fort répandue, qui voit dans les Douze Jours du calendrier rituel européen (principalement de l'Europe celtique, slave et germanique) le souvenir d'un comblement calendaire entre un calendrier lunaire de 354 jours et une année solaire de 365 jours est intenable. C'est en effet tout simplement impossible : ajouter douze jours au calendrier lunaire l'eût détruit entièrement. Et il n'y a rigoureusement aucune attestation de ce système dans les cultures indo-européennes anciennes. Cette hypothèse doit donc être abandonnée.

La vérité est autre : les périodes de changement d'années, ou de demi-années, etc., étant cruciales, elles sont des périodes à la fois de manifestations d'êtres de l'Autre Monde, et de tentative de divination sur ce que sera le futur. Partout, en effet, les Douze Jours sont occasion de divination[185]. Le principe est alors le suivant : douze jours représentent les douze mois à venir ; ou, parfois, six représentent les six derniers mois de l'année (ou demi-année) passée, six autres les six mois à venir. Dans ces conditions, la méthode est simple : ces douze jours correspondent à douze des jours d'un ou de deux mois lunaires ; par exemple ce sont les six derniers jours d'un mois, les six premiers du suivant ; ou des jours situés par rapport aux solstices, sans égard au mois lunaire. Il n'y a, ni dans un cas ni dans l'autre, le moindre « rattrapage » d'un comput sur un autre.

C'est ainsi que fonctionnaient les choses en Grèce ancienne, où il n'était pas question de porter atteinte au déroulement régulier des mois lunaires : Aristote expose que les jours alcyoniens sont au nombre de douze, période pendant laquelle l'alcyon fait son nid sur la mer, autour du solstice d'hiver[186] ; l'*Iliade* s'étend sur douze jours[187], et expose que Zeus et tous les dieux vont passer douze jours chez les Aithiopes[188], autant d'indications d'activité culturelle des Grecs de l'époque homé-

---

[185] Cf. Schrader, 1901, 191 (pour l'Inde) ; Térilis, 1908 ; Loth, 1903, 310 ; 1904, 118, 122-123 ; Van Gennep, 1958, 2874-2981 ; 1988, 3383-3410 ; Rees, 1961 (1974), 96 ; Rose, 1981, 60-68 ; Gaignebet et Ricoux, 1988, 43-45 ; Masson, 1989, 78-80, 91 (pour les Hittites) ; Muller, 1993, I, 247-249.

[186] Artt., *Histoire des animaux*, V, 8, 542 b.

[187] Whitman, 1958.

rique pendant cette période ; mais une autre attestation se trouve chez Démocrite, qui estimait que « l'hiver sera tel que l'ont été le solstice d'hiver et les trois jours qui le précèdent et le suivent, et qu'il en sera de même en été par rapport à son solstice »[189]. Voici, en toutes lettres, le principe des divinations par les douze jours, mais ils sont séparés en deux groupes ; il en est de même dans une tradition du haut Vannetais, où l'on divise les jours pour pronostiquer deux fois douze quinzaines[190], et cela s'atteste ailleurs, par exemple en Sologne, où l'on répartissait les douze jours en six placés en fin d'année et six placés en juin.

De même en Inde, où les attestations de groupes de douze jours sont innombrables, où les sessions sacrificielles durent couramment douze jours[191], le *Śatapatha Brahmaṇa* affirme sans ambages que tel enseignement peut commencer douze jours seulement après l'introduction d'un disciple auprès de son maître, « car il y a douze mois dans l'année »[192]. Dans la cérémonie du Vajapeya, une litanie en douze termes, *apti*, est adressée aux mois, et certains textes donnent une variante à treize termes, « évidemment en relation, a écrit Dumézil, avec le mois intercalaire du *yuga* quinquennal »[193]. Il a été soutenu que les sessions étaient de douze jours précisément pour faire coïncider année lunaire et année solaire[194], mais il n'y en a aucune preuve, et Renou s'exprime à ce sujet très dubitativement[195] tandis que Filliozat, dans les chapitres sur le calendrier du manuel *L'Inde classique*, ne souffle mot de cette interprétation.

De même à Rome, on sacrifiait à chaque calende à Ianus (dieu des ouvertures et passages) sur douze autels ; les douze prêtres Salii chantent pour lui[196] : ce nombre douze récurrent connote les mois, et nullement un raccordement quelconque de douze jours qui n'existait pas à Rome et dont aucune tradition ne parle même pour le passé.

De même chez les Celtes, chez qui le cycle des douze jours a laissé d'innombrables traces[197], il est possible qu'il en existe déjà une attestation sur le Calendrier de Coligny[198] : mais ils ne *s'ajoutent* pas, bien entendu, sinon ils détruiraient entièrement l'équilibre subtil de ce Calendrier, ils sont *compris* dans un mois.

---

[188] *Il.*, I, 423-427 ; sur ce Haudry, 1987, 260-261 – quoiqu'il croie encore aux « douze jours intercalaires » !

[189] Dém. (*frg.* XIV 4), cité par Pline, *Hist. Nat.*, XVIII, 231.

[190] Loth, 1904, 123.

[191] Renou, 1947, 357.

[192] . *S. B.*, XI, 5, 4, cité dans Varenne, 1967, 73.

[193] Dumézil, 1929, 108-109, après Weber, 1892, 792-794 ; cf. aussi Audin, 1945, 83.

[194] Schrader, 1909, 47, après Weber, 1845-1890, 17, 224, et 1898, 2 ss.

[195] Renou, 1947, 279. Cf. aussi Bergaigne, 1883, 52, n. 2 : le séjour de douze jours des Ṛbhu chez Agastya correspond aux douze mois ; et Haudry, *l. c.*

[196] Macrobe, *Saturnales*, I, 9, 16 et 14, d'après Varron ; et Jean le Lydien, IV, 2. Sur la récurrence du nombre douze dans les institutions (religieuses et autres) romaines, Liénard, 1980, 77.– La liaison de Ianus, dieu des passages, avec le nombre douze, ne peut manquer de rappeler que dans l'hymne d'Hermès, celui-ci, aussi dieu des passages, divise la chair des vaches qu'il a tuées en douze parts (pour les douze dieux) (vv. 128-129).

[197] Térilis, 1908 ; Loth, 1903, 1904 ; Rees, 1961 (1974), 17, 93 ; Laurent, 1990, 290 ; Sergent, 1992 b.

[198] Lainé-Kerjean, 1943, 262-263. Ces douze jours se situent à partir des jours 3 et 5 de l'*atenoux* (seconde moitié du mois) du mois Riuros de deux années : cela rappelle – mais avec un décalage de quinze jours – l'hypothèse de Donatien Laurent, 1990, 290, selon laquelle les douze jours celtiques primitifs se situaient entre la pleine lune et la nouvelle lune.

C'est pourtant en ce domaine, celtique, qu'a été fourni un argument et qu'a été soutenue avec le plus de vigueur, par Joseph Loth, l'idée que ces Douze Jours s'ajoutaient à l'année celtique — et, renvoyant aux hypothèses analogues d'Albrecht Weber sur le calendrier indien, il concluait sans hésitation au caractère indo-européen de ce moyen de rattrapage luni-solaire.

Les faits (non, le fait) sont (est) qu'en breton ont été appelés *gourdeiziou* les douze premiers jours de janvier (d'après le dictionnaire du Père Grégoire de Rostrenen), et, ajoute Loth, qu'en Haute-Cornouaille on a encore *titennaou* pour désigner les six derniers de décembre et les six premiers de janvier. Or, le mot breton à la base de cette expression signifie « supplémentaire », « petit bout (rajouté) » : d'où « jours supplémentaires de gestation » d'un animal, « pis », « extrémité » (au sens d'« en être à toute extrémité »). Conclusion : « Les Bretons voyaient l'année lunaire sous la forme d'un cercle auquel venaient s'ajouter comme un petit bout, les douze jours »[199].

Hélas ! comparer les faits bretons directement aux faits indiens (eux-mêmes peu assurés, cf. ci-dessus) est périlleux. Car, non seulement les Douze Jours ne sont pas attestés comme supplément d'année là où il l'aurait fallu pour prouver quoi que ce soit, à savoir dans le plus ancien document celtique, le Calendrier de Coligny, mais l'expression citée est strictement limitée au breton : elle n'a pas de correspondant en irlandais, et pas même dans les langues celtiques les plus proches du breton, comme le cornique et le gallois (au Pays de Galles, les Douze Jours sont appelés « jours d'omen », *coel-ddydiau*[200]) : c'eût été la condition minima pour y voir quelque chose d'ancien. Le breton a commencé à diverger du gallois et du cornique à partir de la rupture des communications à l'époque des raids vikings : jusqu'à nouvel ordre, il faut considérer l'expression bretonne comme née postérieurement à cette date. La coutume cornouaillaise de répartir les « douze jours » sur décembre et janvier correspond exactement à l'une des pratiques les plus communes de répartition de ces jours sur les mois existants, tandis que la coutume vannetaise de réduire les douze jours à six montre que la durée requise n'a rien à voir avec un rattrapage du temps de douze jours. En fait — je dois cette observation à Donatien Laurent — les douze jours bretons (et autres) servent à prédire le temps futur, au contraire du mois intercalaire (tel qu'on le connaît sur le calendrier de Coligny) qui consiste en une récapitulation du temps passé ; et ces jours ne sont « en plus » qu'en cela qu'ils ont une « autre » fonction, elle, ajoutée à celle des jours ordinaires.

Je conclus :

— les Douze Jours sont attestés dans presque toutes les cultures indo-européennes anciennes : ce sont donc bien des faits rituels antérieurs au christianisme ; ils se situaient, soit d'un seul tenant, soit scindés en deux séries de six, à des moments cruciaux, changements d'année (lunaire) ou moments solsticiaux ;

— ils ne correspondant jamais à un rattrapage luni-solaire, lequel se faisait tout autrement.

b) Il peut sembler osé de spéculer sur le début d'année précis des Indo-Européens : les calendriers attestés présentent une telle diversité que la démarche paraît, à priori, vaine.

---

[199] Loth, 1903 ; et 1904, 118.

[200] Rees, 1961 (1974), 93.

Pourtant, une récurrence quelque peu systématique retient l'attention :

– l'année védique commençait au solstice d'hiver[201] ;

– le calendrier vieux-perse, celui des Achéménides, antérieur (quant à l'adoption étatique, j'entends) au calendrier mazdéen, commençait au solstice d'hiver[202] ;

– à en croire Pline, en Gaule, l'année commençait à la sixième nuit de la lune de l'époque de la cueillette du gui, donc vers le solstice d'hiver[203] ;

– dans le calendrier anglo-saxon ancien décrit par Bède, le début de l'année était également à l'époque du solstice d'hiver : le premier double mois, Giuli, l'englobait ; et la nuit solsticiale d'hiver était nommée, selon le même auteur, *Modranicht*, « Nuit Mère ».

– à Rome, le comput annuel commençait primitivement à mars[204]. Mais on a relevé que c'est la fête d'Acca Larentia, le 23 décembre — jour du solstice — qui devait terminer l'année, au temps de l'année « de dix mois »[205], étant en effet séparée de 59 jours (deux mois lunaires) du Regifugium, rite de la « Fuite du roi »[206]. Lorsque

---

[201] Renou, 1947, 379.

[202] Duchesne-Guillemin, 1974 (1950), 27.

[203] Pline, *Histoire Naturelle*, XVI, 250 ; d'où Linckenheld, 1931 ; Couderc, 1986 (1946), 53. En fait l'année « re »commençait, puisque le texte de Pline indique que la cueillette du gui se produisait au sixième jour de la lune, « qui marque le début des mois, des années et des siècles », donc que l'année et le compte des mois débutait en hiver, saison où le gui fleurit, alors que les données irlandaises, confirmées par le calendrier de Coligny, indiquent l'époque de notre 1er novembre comme début d'année et de compte des mois (ci-dessus, n. 20). Il s'agit d'un problème de « théologie » celtique, cf. Lainé-Kerjean, 1942-1943, 270-272.

[204] Février dernier mois de l'année : Cicéron, *Des lois*, II, 21, 54 ; Ovide, *Fastes*, II, 47 ; Plutarque, *Questions romaines*, XIX ; *Vie de Numa*, XVIII-XIX ; Macrobe, *Saturnales*, I, 13, 14 ; Paulus Festus, *s. v. Februarius*, p. 75 L. ; mars premier mois de l'année : Varron, *De lingua latina*, VI, 33 ; Plut., *ll. cc.* ; Macrobe, *Sat.*, I, 12, 3 et 5 ; Servius, *à Virg.*, *Géorgiques*, I, 43 ; III, 304 ; Ov., *Fastes*, I, 39 ; III, 75 ; Censorinus, *De Die Natalis*, XX, 3

[205] Holleman, 1976 ; 1978.

[206] Lequel a fait couler beaucoup d'encre ! A toutes les époques historiques de Rome, aussi bien avant qu'après la réforme calendaire de César, les intercalations de mois supplémentaires avaient lieu entre les Terminalia, le 23 février, et le Regifugium, le 24. A la suite de calculs (l'un des nombreux montages que l'on peut opérer à partir des données de l'annalistique !), Basanoff, 1943, 34-37 (suivi par Bayet, 1957, 90), déduisait l'existence d'un groupe de douze jours à cette époque : hélas, ils ne sont nulle part attestés dans la tradition romaine ! Avec plus de pertinence, André Magdelain repère, du 24 au 28 février (nombre de jours de ce mois à l'époque historique), un groupe de 5 jours : il les rapproche des cinq jours épagomènes attestés en divers lieux (Égypte, Iran), y voit le vestige d'une ancienne année, antérieure à la création du mois de février, mais qu'il ne peut situer dans l'histoire du calendrier (1962). Il a été critiqué par Holleman (1978, 1981), approuvé par Liénard (1980, 83-84). En toute logique, cinq jours épagomènes ne peuvent compléter qu'une année de 360 jours. Laquelle est attestée par Plutarque, *Numa*, XVIII, 2, comme remontant à Romulus... Ce qui la met en concurrence avec celle, bien plus attestée, de 304 jours, attribuée au même roi ! Sachant qu'un tel système, assez abstrait, implique un détachement du véritable cours lunaire, j'y verrai volontiers un emprunt, parallèle à celui fait en Iran (cf. ci-dessus, n. 58), au calendrier égyptien. Par quel vecteur ? Je ne vois qu'une solution : sachant que les Étrusques ont été en contact, terriblement étroit ! avec les Égyptiens, au XIIe siècle avant notre ère (cf. p. ex. Sergent, 1996, 149), et que je ne saurais leur attribuer l'introduction du calendrier lunaire à Rome (! cf. ci-dessus, n. 7), c'est à eux qu'il convient d'attribuer l'introduction d'une année de 360 jours + 5 à Rome. D'ailleurs, selon Ovide (*Fastes*, II, 685 et suivants), la fête du Regifugium provient de la « fuite » du dernier roi étrusque de Rome, Tarquin le Superbe : historicisation classique de ce qui

l'histoire commence à Rome, le début de l'année est précisément en janvier, c'est-à-dire, comme chez les Celtes, qu'il commençait à une nouvelle lune suivant le solstice d'hiver[207].

– chez les Hittites, il semble que le Nouvel An était célébré vers le solstice d'hiver, au terme des riches analyses d'Emilia Masson[208] ;

– en Grèce enfin, où, il est vrai, les calendriers des différentes cités commençaient à des dates très variables, le commencement au solstice d'hiver est bien attesté, en Béotie et à Dèlos[209].

Chez les Germains avec *Yul*, les Indiens védiques avec le *Mahāvrata*[210] les Hittites avec *Purulli*, les Kalas avec leur plus grande fête[211], les Celtes dans les survivances laissées en Europe occidentale, il s'agissait d'un moment de très grandes et souvent très longues fêtes. On rejoint alors la question des Douze Jours et de leurs rites, et je n'insiste pas davantage : le sujet est immense.

Simplement, avec les Hittites, les Indiens védiques, les Latins, les Gaulois, voici quatre grandes cultures de l'antiquité indo-européenne qui s'accordent à placer le début d'année à une phase de la lune (nouvelle et pleine, ou au 6e jour) suivant le solstice d'hiver. Il peut difficilement s'agir d'un hasard, et l'on verra donc avec une assez grande probabilité le début de l'année (luni-solaire, bien sûr) indo-européenne à cette date.

c) Un fait original est le suivant : un grand nombre de cultures indo-européennes anciennes (et moins anciennes) ont compté le temps, préférentiellement, par neuf et un multiple de neuf :

– c'est le cas, le plus visiblement, chez les Germains, chez qui presque toutes les indications de durées de court terme, dans les textes médiévaux, sont celles de neuf jours[212] ;

– c'est le cas chez les Celtes, où les indications de neuf jours, sans avoir le même caractère presque exclusif, sont extrêmement fréquentes : j'ai souligné ailleurs[213] que, dans deux ouvrages de volumes analogues, l'un recueil de textes mythiques scandinaves, l'autre

---

pouvait être une création rituelle. Cf. dans le même sens Denys d'Halicarnasse, III, 46, 1.– Cela, contre Magdelain, 1962, 222, qui signale pourtant (221, n. 2) un parallèle babylonien aux rites décelables à Rome : or, les Etrusques témoignent de nets apports proche-orientaux, cf. Dumézil, 1966, 606-627.

[207] Sur la date de la création de ces mois, cf. les discussions de Magdelain, 1962, 215-216 ; Samuel, 1972, 164-165 ; Liénard, 1980, 77-78.

[208] Masson, 1989, 93-96, 206-209 ; 1991, 42.

[209] Thomson, 1943, 53.

[210] Situé au solstice d'hiver, selon la plupart des auteurs (cf. Sergent, 1997 a, 328, et n. 322 p. 471).

[211] Loude et Lièvre, 1984 ; Cacopardo, 2010 – fête qui a elle-même de nombreux parallèles indo-européens, cf. Sergent, 2018, 147-149.

[212] Weinhold, 1897 ; Dumézil, 1947, 234-236 ; Hammerich, 1963, 165-167.

[213] Sergent, 1992 a, 8, n. 29 ; et sur le nombre 9 chez les Celtes, cf. surtout Loth, 1904, 134-135.

recueil de textes mythiques irlandais, les occurrences du nombre neuf étaient de fréquence voisine ; mais c'est aussi le nombre le plus souvent cité dans les textes, aussi bien mythiques que juridiques, du Pays de Galles, et dans les *Lois* irlandaises[214] ;

– c'est le cas à Rome, où les Nones sont le jour situé (étymologiquement) « neuf jours » avant les Ides[215] ; et où, surtout, un marché régulier, qui prit précocement un sens juridique et politique pour les ruraux, portait le nom de Nundinae, « (marché) tous les neuf jours » (en fait, tous les huit)[216] ;

– c'est le cas dans la Grèce la plus ancienne : les occurrences de neuf jours existent pour certaines fêtes (les Karneia à Sparte), c'est une durée pertinente pour Hésiode (une enclume met neuf jours à tomber du ciel sur terre, et autant de la terre au fond du Tartare), pour l'auteur de l'*Iliade* (la peste envoyée par Apollon dure neuf jours, Phoinix est retenu neuf jours chez son père, Bellérophôn attend neuf jours chez Iôbatês, on accumule du bois pour le bûcher d'Hektôr pendant neuf jours...), et les nombres préférés de l'auteur de l'*Odyssée* pour indiquer les étapes d'Ulysse sont neuf et dix-huit[217]. La Grèce a aussi adoré les durées de neuf ans[218] ;

– il en existe des occasions en Inde ancienne ou actuelle : certaines fêtes, telle celle de Durga, durent neuf jours (le Navaratra) ; et peut-être dans le domaine iranien — du moins si l'on interprète les trois séries de dix jours qui répartissent le mois de 30 jours comme des séries de 9 jours plus celui du Créateur, Ahura Mazda, en dixième : mais ces décades se trouvent dans le calendrier mazdéen, celui-là même que l'on peut penser influencé par le calendrier égyptien ; or, dans celui-ci, les mois de 30 jours étaient également divisés en trois décades.

La durée de neuf jours est fréquemment un temps du clôture de funérailles, ou de premières cérémonies après les funérailles (chez les Indiens, les Grecs, les Russes blancs, les Prussiens (baltes, disparus) et Lithuaniens), et des fêtes funèbres romaines durent neuf jours[219] ; et aussi le temps au terme duquel un père reconnaît son enfant, à Athènes ou en Inde[220]. En Iran, le nombre neuf est le plus couramment utilisé dans les rites et dans les mythes. On y parle de 9 000 ans aussi aisément que la Grèce parle de 9 ans[221].

---

[214] Loth, *id.*, 134-136 ; Rees, 1961 (1974), 193-195. Rhys, 1898, 362-363, concluait déjà que la « semaine » celtique avait été de neuf jours.

[215] Ernout et Meillet, 1967, 447.

[216] Id., *ibid.* ; Dumézil, 1943, 161-163 ; Kirsopp Michels, 1967, 84-89, 191-206 ; comparer la semaine de huit jours, correspondant aux jours de marché, chez les Bamiléké, Pradelles de Latour, 1984, 92.

[217] Cf. Germain, 1954.

[218] Ginzel, 1911, 377 ; Samuel, 1972, 35-42.

[219] 129. Schrader, 1909, 25 ; Sergent, 1995 a, 237 ; l'article de Kaegi, 1891, est essentiellement consacré aux durées funéraires.

[220] Hilka, 1910, 12. Et, sur le nombre neuf, cf. Kaegi, 1891 ; Roscher, 1904.

[221] Duchesne-Guillemin, 1953, 65.

Il paraît donc légitime de parler d'un nombre prisé des Indo-Européens anciens, d'avant leur division en dialectes, puisque la durée de neuf jours s'observent de l'ouest à l'est du monde indo-européen, et y compris dans des cultures anciennes.

Mais quelle en est l'origine ?

Adolf Kaegi et Hermann Diels ont soutenu qu'il s'agissait simplement d'un triplement du trois — nombre de loin le plus fréquent dans l'ensemble des cultures indo-européennes[222]. Ce à quoi Wilhelm Roscher, Joseph Loth, Hermann Hirt ont opposé que la « semaine » de neuf jours est fréquente — pas seulement chez les Indo-Européens — tandis que la « semaine » de trois jours n'a aucune attestation, pas plus que celle de six jours, qui aurait été le doublement de la précédente. En revanche, neuf apparaît nettement comme une subdivision du mois : la mention, fréquente, chez les Celtes, de « trois fois neuf jours », attestée aussi en Grèce[223], soit vingt-sept jours, rappelle une donnée astronomique précise : la durée du mois lunaire sidéral — c'est-à-dire le mois déterminé, non pas par la forme de la lune, mais par son retour à la même place dans le ciel[224].

L'analyse est cohérente, et satisfaisante. À quelques détails près :

– les peuples indo-européens anciens, comme tous les peuples « primitifs », s'intéressaient à ce qui est le plus visible, le changement de forme de la lune et sa disparition périodiques. Tous les calendriers lunaires ou luni-solaires examinés jusqu'ici se fondent sur ce cycle. Le mois sidéral, qui exige de repérer la place de la lune par rapport aux étoiles fixes, réclame un examen beaucoup plus « scientifique » du ciel. Et puis, déterminer le temps en fonction du mois sidéral de 27 jours viendrait étonnement en concurrence avec la détermination du temps à partir du mois synodique de 29 jours et demi ;

– précisément, dans ce dernier, la coupure principale est celle des deux moitiés, et la division par neuf s'y adapte mal ; on la voit à Rome se superposer à elle sans s'y mêler (les *nundinae*), sauf dans la détermination des Nones, c'est-à-dire l'utilisation une seule fois du nombre neuf à l'intérieur du calendrier lunaire normal.

Ainsi l'utilisation du mois sidéral et du nombre neuf paraît hétérogène par rapport au calendrier lunaire synodique normal.

Hermann Hirt y avait joint le « dossier » de l'année de 10 mois. On sait qu'elle existe dans la tradition romaine (c'est l'année « romuléenne »), qu'on en a une trace dans l'Inde ancienne[225], et Hirt en voyait une autre dans les deux noms de mois anglo-saxons couvrant cha-

---

[222] Kaegi, 1891 ; Diels, 1890, 37-43.

[223] Thucydide, VII, 50, 4 ; Porphyre, *Vie de Pythagore*, 17.

[224] Roscher, 1904 ; Loth, 1904, 134-135 ; Hirt, 1907, 543 ; également Rees, 1961 (1974), 194-195. Nilsson, 1911, 433, proposait de voir dans la division en neuvaines celle de la période pendant laquelle la lune est invisible, soit à peu près 27 jours, tandis que la division du mois en décades, comme en Grèce (et, aussi, en Iran), tiendrait compte du cycle complet de la lune.

[225] Cf. ci-dessus, n. 73.

cun deux mois, qui pourraient correspondre chacun à une extension de sens de ce qui ne désignait initialement qu'un seul mois. Or, aussi bien à Rome qu'en Inde, l'année de 10 mois est associée au temps de la grossesse[226]. Il concluait qu'il s'agissait là de l'année la plus ancienne, et la durée de neuf jours, subdivision du vingt-sept, en était une preuve supplémentaire[227].

Pourtant, observons que la prégnance du nombre neuf, pour marquer le temps, semble s'atténuer grandement lorsqu'on va de l'ouest à l'est du monde indo-européen :
— elle est très grande, en effet, à Rome, où les *nundinae* rythment la vie rurale et urbaine ; chez les Germains, où, je l'ai dit, neuf code par excellence la durée à court terme ; chez les Celtes, où la même a l'importance qu'on a indiquée ;
— elle paraît importante en Grèce seulement à époque archaïque (Homère, Hésiode, et conservation dans certains rituels), elle joue un rôle beaucoup plus faible à l'époque classique ;
— elle n'a guère, chez les Indo-Arya, qu'une importance rituelle, comme si elle concernait des durées de fêtes ou de rituels domestiques hérités mais n'avait jamais concerné le déroulement de la vie quotidienne — l'Inde n'a aucune trace de « neuvaines » rythmant la vie, et l'Iran n'en a que pour autant qu'on reconnaît dans les trois décades qui divisent son mois des ensembles de 9 +1 jours, ce qui, je l'ai souligné, est fort douteux.

Cet amuïssement progressif, d'ouest en est, avec absence pure et simple le plus à l'est, suggère l'hypothèse suivante : le mois sidéral de 27 jours et sa subdivision en neuvaines relèvent d'une astronomie autre que celle des plus anciens Indo-Européens. Elle est entrée en concurrence avec cette dernière, et cette concurrence a été vive principalement en Europe. Les Indo-Européens ont néanmoins adopté, plus ou moins timidement, ce mois de vingt-sept jours (à savoir, au moins, en Grèce et chez les Celtes), et, surtout sa subdivision par trois, d'une part, parce que cette dernière entrait parfaitement en harmonie avec l'importance qu'eux-mêmes accordait au nombre trois (dont neuf est le triple), d'autre part, parce qu'ils devaient admirer la culture à qui ils ont emprunté ces nombres. Et, ce, au niveau « Indo-Européens communs », d'avant la dispersion, puisque les durées de neuf jours, et l'année de dix mois (apparemment) de 27 jours s'attestent jusque dans l'orient du monde indo-européen.

Poser le problème en ces termes, c'est désigner le « coupable » : chercher une civilisation possédant un niveau culturel assez développé pour avoir élaboré une astronomie incluant un mois lunaire sidéral et ses subdivisions ; susceptible d'influencer les Indo-Européens dès les temps les plus anciens ; et ayant agi principalement, durablement, surtout sur ceux de l'ouest, c'est l'identifier : il s'agit de la célèbre Civilisation danubienne, la « Vieille Europe » de Marija Gimbutas, qui a existé du VIIIe au IIIe millénaire en Europe centrale et dans le nord des Balkans, poussant ses ramifications jusqu'à l'Europe occidentale d'un côté, à l'Ukraine d'un autre, civilisation de très haut niveau (elle inventa une écriture aussi anciennement sinon plus que la Mésopotamie), manifestement séduisante pour les Indo-Européens riverains

---

[226] Ovide, *Fastes*, I, 27-34 ; *Satapatha Brahmana*, VI, 1, 38 ; *Ait. Brahmana, l. c.*

[227] Hirt, 1907, 543-544.

de la Volga qui s'étendirent en sa direction puis la submergèrent et se mêlèrent à elle, du Ve au IIIe millénaire[228]. L'influence de cette civilisation sur les Indo-Européens encore unis se décèle à quelques autres éléments, et son action sur les peuples indo-européens installés en Europe est tout ce qu'il y a de plus certain.

Je ne fais là qu'une hypothèse. Une autre, celle de Hirt par exemple, serait de voir dans l'année de 10 mois sidéraux la plus ancienne, antérieure à celle de douze mois synodiques, qui serait empruntée, elle, par les Indo-Européens, aux Mésopotamiens. Elle est séduisante : les quelques attestations de cette année, en Inde et à Rome, et au contraire la résistance de la « semaine » de neuf jours, s'expliqueraient bien ainsi. Les savants (c'est-à-dire les équivalents des brahmanes et druides, formés en astronomie) auraient emprunté le système à douze mois, le peuple aurait gardé le rythme novendiaire. Il reste qu'il serait difficile de penser que le mois lunaire sidéral soit antérieur au mois synodique, pour les raisons que j'ai données plus haut. L'emprunt dans l'autre sens, c'est-à-dire du mois sidéral, à une civilisation plus développée, me paraît plus probable.

En tout cas, on comprend ici pourquoi je notais plus haut que l'année romaine de dix mois est bien plus ancienne que Rome : si elle a existé, l'année « romuléenne », aussi bien dans l'hypothèse de Hirt que dans la mienne, remonte à des millénaires. Les Romains ont « tassé » des traditions de fondations sur les règnes de Romulus, Numa Pompilius, Tullus Hostilius, sans compter les Étrusques : il n'est rien de plus normal, pour l'historien moderne, que d'étaler dans un temps beaucoup plus long ce que la vision antique ramenait à l'œuvre de quelques générations !

---

[228] Gimbutas, 1997, qui rassemble la plupart de ses articles sur ce sujet ; Sergent, 1995, 394-408.

BIBLIOGRAPHIE :

ABRÉVIATIONS :
AC : *L'Antiquité classique.*
ARW : *Archiv für Religionswissenschaft.*
BSL : *Bulletin de la Société de Linguistique.*
BSMF : *Bulletin de la Société de Mythologie Française.*
Oll. : *Ollodagos.*
RC : *Revue Celtique.*
ZCP : *Zeitschrift für Celtische Philologie.*

Audin, Amable, 1945 : *Les fêtes solaires. Essai sur la religion primitive*, Paris, PUF.

Bader, Françoise, 1988 : compte rendu du Duval et Pinault, 1986, dans *BSL*, 83.2, 196-204.

1990 : « Le liage, la peausserie et les poètes-chanteurs indo-européens », *BSL*, 85.1, 1-59.

1991 : « Les messagers des dieux : d'Hermès *eriounios* à Iris *aellopos, podenemos okea* », *Classici e Orientali*, 41, 35-86.

1992 : « Butin poétique : de διπετής à Ἄδιαι-, διο-πετής », ΑΙΩΝ, 14, 123-164.

1997 : « Mars, avril, mai : le pic, la louve, le sanglier et la truie », dans *L'animal dans l'Antiquité*, « édité » par Barbara Cassin et Jean-Louis Labarrière, sous la direction de Gilbert Romeyer Dherbey, Paris, Vrin, 1997, 491-518.

Basanoff, Victor, 1943 : *Regifugium. La fuite du roi. Histoire et mythe*, Paris, Adrien-Maisonneuve.

Bayet, Jean, 1957 : *Histoire politique et psychologique de la religion romaine*, Paris (2ᵉ éd. 1969).

Belardi, Walter, 1977 : *Studi Mithraici e Mazdei*, Rome, Istituto di glottologia della Università e Centro culturale italo-iraniano.

Bergaigne, Abel, 1883 : *La religion védique d'après les hymnes du Rig-Veda*, tome III, Paris, Librairie Honoré Champion ; 2e tirage, 1963.

Bischoff, Helmut, 1919 : " Kalender (griechische) ", dans Pauly, August Friedrich, et Wissowa, Georg, dir., *Real-Encyclopädie der Altertumwissenschaft*, X, cc. 1568-1602.

Boyer, Régis, 1974 : " Edda et textes eddiques ", dans Id. et Evelyne Lot-Falck, *Les religions de l'Europe du nord*, Paris, Fayard-Denoël, 1-609.

Cacopardo, Augusto S., 2010 : *Natale pagano. Feste d'inverno nello Hindu-Kusch*, Palerme, Sellerio.

Chantraine, Pierre, 1968 : *Dictionnaire étymologique de la langue grecque, Histoire des mots*, t. I, Paris, Klincksieck.

Christmann-Frank, Lisbeth, 1971 : « Le rituel des funérailles royales hittites », *Revue Hittite et Asianique*, 29, 61-111.

Couderc, Paul, 1986 (1946) : *Le Calendrier*, Paris, PUF, coll. Que Sais-Je ? (1ᵉʳᵉ éd., 1946).

Darmesteter, James, 1892 : *Le Zend Avesta*, traduction nouvelle avec commentaire historique et philologique, Annales du Musée Guimet, t. XXI, t. I, Paris, Ernest Leroux.

David, Christian, 1994 : « Deux ensembles de mythes en rapport avec l'ours à travers le Pacifique », *BSMF*, 170, 39-62.

De Sanctis, Gaetano, 1907 : *Storia dei Romani*, II, *La Conquista del primato in Italia*, Milan, Turin, Rome, Fratelli Bocca (2ᵉ éd., avec pagination différente, Florence, Il Pensiero Storico, 1956).

Diels, Hermann, 1890 : *Sibyllanischen Blättern*, Berlin, Georg Reimer.

Dillon, Myles, et Chadwick, Nora K., 1974 : *Les royaumes celtiques*, traduction française de Christian-J. Guyonvarc'h, augmentée d'un chapitre sur « La Gaule et le monde celtique », par Ch.-J. Guyonvarc'h et Françoise Le Roux, Paris, Fayard (*The Celtic Realms*, Londres, Weidenfeld and Nicolson, 1967).

Duchesne-Guillemin, Jacques, 1950 (1974) : « Yasna 45 and the Iranian Calendar », *Bulletin of the School of Oriental and Asiatic Society*, 1950, 365-640 ; repris dans *Opera Minora. I Philologie et histoire de l'Iran*, Université de Téhéran, 1974, 25-30. Je cite cette dernière édition.

1953 : *Ormazd et Ahriman*, Paris, PUF.

Dumézil, Georges, 1929 : *Le problème des Centaures*, Paris, Librairie orientaliste Paul Geuthner.

1941-1948 : *Jupiter-Mars-Quirinus*, I-III, Paris, Gallimard.

1943 : *Servius et la Fortune*, Paris, Gallimard.

1945 : *Naissance d'archanges (Jupiter Mars Quirinus III)*, Paris, Gallimard.

1947 : *Tarpeia*, Paris, Gallimard, 6e éd.

1949 : *L'héritage indo-européen à Rome*, Paris, Gallimard.

1966 : *La religion romaine archaïque*, Paris, Payot.

1968 : *Mythe et épopée* I, Paris, Gallimard.

Duval, Paul-Marie, et Pinault, Georges, 1986 : *Recueil des inscriptions gauloises* III. *Les Calendriers (Coligny, Villards d'Héria")*, = *Gallia, Suppl.* 45, Paris.

Ernout, Alfred, et Meillet, Antoine, 1967 : *Dictionnaire étymologique de la langue latine, Histoire des mots*, 4e éd., 2e tirage, Paris, Klincksieck.

Filliozat, Jean, 1953 : « Les sciences », dans Renou et Filliozat, t. II, 138-194, et « Notions de chronologie », dans Id., 721-736.

Fischer, J., 1894 : « The Welsh Calendar », *Transactions of the Honourable Society of Cymmrodorion*, 5, 99-145.

Frisk, Hjalmar, 1972 : *Griechisch-etymologisches Wörterbuch*, Heidelberg, Carl Winter, t. II.

Gaignebet, Claude, et Ricoux, Odile, 1988 : cLes fêtes de l'Eglise contre les fêtes païennes. Fous du Christ et Ânes saturniens », dans Pier Giovanni d'Ayala et Martine Boiteux dir., *Carnavals et mascarades*, Paris, Bordas, 43-49.

Germain, Gabriel, 1954 : *Homère et la mystique des nombres*, Paris, PUF.

Gimbutas, Maria, 1997 : *The Kurgan Culture and the Indo-Europeanization of Europe*, textes réunis par Miriam Robbins Dexter et Karlene Jones-Blet, Monographie 18 du *Journal of Indo-European Studies*.

Ginzel, Friedrich Karl, 1911 : *Handbuch der mathematischen und technischen chronologie*, Leipzig, J. C. Hinrichs, t. II.

Gjerstad, Einar, 1961 : « Notes on the Early Roman Calendar », *Acta Archaeologica*, 32, 193-214.

Gordon, P., 1963 : *Les fêtes à travers les âges, leur unité, l'origine du calendrier*, Neuilly, Arma Irtis.

Guittard, Charles, 1975 : « Le calendrier romain des origines au milieu du V^c siècle avant J.-C. », *Bulletin de l'Association Guillaume Budé*, 203-219.

Guyonvarc'h, Christian J., 1962 : « Notes d'étymologie et de lexicographie gauloises et celtiques », « *Mi Aige*, " le mois des courses " », *Ogam*, 14, 600-607.

Hammerich, L. L., 1963 : « Der Zauberstab aus Ripen », dans Hugo Kuhn et Kurt Schier dir., *Märchen, Mythos, Dichtung. Festschrift zum 90. Geburtstag Friedrich von der Leyens aus 19. August 1963*, Munich, Beck, 147-167.

Harrison, Kenneth, 1973 : « The primitive Anglo-Saxon calendar », *Antiquity*, 47, 284-287.

Hartmann, Otto Ernst, 1882 : *Der römische Kalendar*, Leipzig.

Haudry, Jean, 1987 : *La religion cosmique des Indo-Européens*, Milan – Paris, Archè-Les Belles Lettres.

Heiler, Friedrich, 1979 : *Erscheinungsformen und Wesen der Religion*, 2e éd., Stuttgart, Berlin, Cologne..., W. Kohlhammer.

Heurgon, Jean, 1969 : *Rome et la Méditerranée occidentale*, Paris, PUF.

Hilka, Alfons, 1910 : *Beiträge zur Kenntnis der indischen Namensgebung. Die altindischen Personennamen*, Breslau, Marcus.

Hirt, Hermann, 1907 : *Die Indogermanen, ihre Verbreitung, ihre Urheimat und ihre Kultur*, Strasbourg, Trübner, t. II.

Holleman, A. W. J., 1976 : « Myth and Historiography : the Tale of the 306 Fabii », *Numen*, 210-218.

1978 : « Les calendriers préjuliens à Rome », *AC*, 47, 201-206.

1981 : « Zur Schaltung im vorjulianischen römischen Kalendar », *Rheinische Museum*, 124, 55-65.

Humbert, Jean, 1976 : *Homère, Hymnes*, texte établi et traduit, Paris, Les Belles Lettres.

Kaegi, Adolf, 1891 : « Die Neunzahl bei den Ostariern », *Philologische Abhandlungen für Schweizer-Sidler für Feier des fünfzigjährigen Jubiläums*, Zurich, Zürcher et Furrer, 50-70.

Kirsopp Michels, Agnes, 1967 : *The calendar of the Roman Republic*, Princeton University Press.

Lainé-Kerjean, Célestin, 1943 : « Le calendrier celtique », *ZCP*, 23, 249-284.

Lambert, Pierre-Yves, 1994 : *La langue gauloise*, Paris, Errance.

Laurent, Donatien, 1990 : « Le juste milieu. Réflexion sur un rituel de circumambulation millénaire : la troménie de Locronan », *Tradition et histoire dans la culture populaire*, Documents d'Ethnologie régionale n°11, 255-292.

Le Contel, Jean-Michel, et Verdier, Paul, 1997 : *Un calendrier celtique — Le calendrier gaulois de Coligny*, Paris, Errance.

Le Coq, Pierre, 2016 : *Les livres de l'Avesta. Les textes sacrés des anciens Mazdéens*, Paris, Ed. du Cerf.

Le Roux, Françoise, 1957 : « Le calendrier gaulois de Coligny (Ain) et la fête irlandaise de Samain (**Samonios*) », *Ogam*, 9, 337-342.

Lévi-Strauss, Claude, 1964 : *Mythologiques* I, *Le cru et le cuit*, Paris, Plon.

Liénard, Edmond, 1980 : « Les calendriers de Numa », *AC*, 51, 75-87.

Linckenheld, Emile, 1931 : « Pline et le calendrier gaulois », *RC*, 48, 137-144.

Lincoln, Bruce, 986 : *Myth, Cosmos, and Society. Indo-European Themes of Creation and Destruction*, Cambridge (Mass.) et Londres, Harvard University Press.

Loth, Joseph, 1903 : « Les Douze Jours supplémentaires (*gourdeziou*) des Bretons et les douze jours des Germains et des Indiens », *RC*, 24, 310-312.

1904 : « L'année celtique d'après les textes irlandais, gallois, bretons, et le calendrier de Coligny », *RC*, 25, 113-162.

Loude, Jean-Yves, et Lièvre, Viviane, 1984 : *Solstice païen : fêtes d'hiver chez les Kalash du Nord-Pakistan*, Presse de L., coll. De près et de loin.

MacNeill, Eoin, 1926 : « On the notation and chronography of the calendar of Coligny », *Eriu*, 10, 1-67.

Magdelain, André, 1962 : « Cinq jours épagomènes à Rome ? », *Revue des Etudes latines*, 40, 201-207 ; repris dans *Jus imperium auctoritas. Etudes de droit romain*, Paris, de Boccard, 1990.

Mancini, G., 1921, « *Fasti Antiates Maiores* », *Notizie degle Scavi*, 73-141.

Masson, Emilia, 1989 : *Les douze dieux de l'immortalité. Croyances indo-européennes à Yazilikaya*, Paris, Les Belles Lettres.

1991 : *Le combat pour l'immortalité. Héritage indo-européen dans la mythologie anatolienne*, Paris, PUF.

Meillet, Antoine, 1931 : « Essai de chronologie des langues indo-européennes. La théorie du féminin », *BSL*, 32.1, 1-28.

de Menasce, Jean-Pierre, 1973 : *Le Troisième Livre du Denkart*, Paris, Klincksieck.

Mommsen, Theodor, (1863), 1865 : éditions des calendriers romains, *Corpus Inscriptionum Latinarum*, I, 2ᵉ éd., 1, 203-339.

Muller, Sylvie, 1993 : *Le rituel et les contes du Roitelet dans la tradition populaire irlandaise (Représentations et évolution du rapport Homme-Nature)*, Thèse, Paris.

Müller, Werner, 1982 : « Raum und Zeit in Sprachen und Kalendern Nordamerikas und Alteuropas : Der römischer Kalendar », *Anthropos*, 77, 522-558.

Nehring : v. Schrader.

Nilsson, Martin P., 1911 : « Die älteste griechische Zeitrechnung, Apollo und der Orient » , *ARW*, 14, 423-448.

1920 : *Primitive Time Reckoning : A study of the Origin and First Development. Of the Art of Counting Time Among the Primetive and Early Culture Peoples,* Lund, Gleerup.

Nyberg, Henrik Samuel, 1934 : *Texte zum mazdayanischen Kalender*, Upsal.

Païs, Ettore, 1898 : *Storia critica di Roma*, Turin, Carlo Clausen, t. I.

Panaino, Antonio, 1990 : « Calendars. I Pre-Islamic calendars », dans Ehsan Yarshater dir., *Encyclopaedia Iranica*, Londres et New York, Routledge & Kegan Paul, t. IV, fasc. 6, 658-668.

Parpola, Asko, 1994 : *Deciphering the Indus Script*, Cambridge University Press.

Pokorny, Julius, 1959 : *Indogermanisches etymologisches Wörterbuch*, t. I (le t. II comprend les indices), Berne et Munich, Francke.

Porzig, Walter, 1954 : *Die Gliederung des indogermanischen Sprachgebiets*, Heidelberg, Carl Winter (2e éd., 1974).

Poucet, Jacques, 1985 : *Les origines de Rome. Tradition et histoire*, Publications des Facultés universitaires Saint-Louis, Bruxelles.

Pradelles de Latour, Charles Henry, 1984 : « Le cycle biannuel chez les Bamileke », dans *Calendriers d'Afrique Noire, Systèmes de pensée en Afrique Noire*, 7, 87-99.

Puhvel, Jaan, 1970 : « Aspects of Equine Functionality », dans Puhvel dir., *Myth and Law among the Indo-Europeans, Studies in Indo-European Mythology*, Berkeley – Los Angeles – Londres, University of California Press,159-172 (repris dans *Analecta Indoeuropaea*, Innsbruck, Institut für Sprachwissenschaft der Universität,1981, n°20)

Roscher, Wilhelm Heinrich, 1904 : *Enneadische Studien. Versuch einer Geschichte der Neunzahl bei den Griechen, mit besondere Berichsichtungen des älten Epos, der Philosophen und Ärtze*, Leipzig, Teubner.

Rees, Alwyn et Brinley, 1961 (1974) : *Celtic Heritage, Ancient Tradition in Ireland and Wales*, Londres, Thames and Hudson (réimpr. 1989).

Renou, Louis, et Filliozat, Jean, 1947 : *L'Inde classique. Introduction aux études indiennes*, t. I, Paris, Payot, avec la collaboration de Pierre Meile, Anne-Marie Esnoul, Liliane Silburn (réimpr. Jean Maisonneuve, Paris, 1996).

Rhys, John, 1898 : *Lectures on the Origin and Growth of Religion as illustrated by Celtic Heathendom*, 3ᵉ éd., The Hibben Lectures, (1ᵉʳᵉ éd. 1886), Londres.

Richer, Nicolas, 2005 : « Les gymnopédies de Sparte », *Ktema*, 30, 237-262.

Roscher, Wilhelm H., 1903-1909 : « Die enneadischen Fristen der ältesten Griechen », *Abhanlungen der Sächsische Gesellschaft*, XXI, 4; XXIV, 1 ; XXVII.

Rose, Georges, 1981 : *Ecologie et tradition*, Paris, Maisonneuve et Larose.

Rose, Herbert Jennings, 1944-1945 : « The pre-caesarian calendar : facts and reasonable guesses », *Classical Journal*, 40, p. 65.

Samuel, Alan E., 1972 : *Greek and Roman Chronology : Calendars and Years in Classical Antiquity*, Munich, Beck.

Scherer, Anton, 1953 : *Gestirnnamen bei den indogermanischen Völkern*, Heidelberg, Carl Winter.

1974 : « Soziologisches über Sternnamen », *in* Manfred Mayrhofer dir., *Antiquitates Indogermanicae. Gedenkschrift für Hermann Güntert*, Innsbrück, Institut für Sprachkunde, 185-142.

Schrader, Otto Hermann, 1901 : *Reallexikon der indogermanischen Altertumskunde*, Strasbourg, K. J. Trübner, rééd. complétée et améliorée par Alfons Nehring, Berlin et Leipzig, De Gruyter, 1917-1928.

1909 : « Aryan Religion », *Encyclopaedia of Religion and Ethic*, t. II, 13-55.

Sergent, Bernard, 1991 : « La date de la bataille de Leuctres et celle de la fête des Gumnopaidiai », *Rivista St »orica dell'Antichita*, 21, 137-143.

1992 a : « Saint-Marcel et le castor », *BSMF*, 164, 5-8.

1992 b : « Un cycle celtique des Douze Jours ? », *Oll.*, 3.4, 203-236.

1994 : « Celto-Hellenica VI : Hermès et Oengus », dans Vielle, Christophe, Swiggers, Pierre, Jucquois, Guy, dir., *Comparatisme, mythologies, langages*, en hommage à Claude Lévi-Strauss, Louvain-la-Neuve, Peeters, 185-236.

1995 : *Les Indo-Européens. Histoire, langues, mythes*, Paris, Payot.

1997 a : *Genèse de l'Inde*, Paris, Payot.

1997 b : « Indo-Hellenica I : les Pléiades et les Krttika », *Oll.*, 10, 179-222.

2018 : *Dragons rituels et dragons mythiques*, Fouesnant, Yoran Embaner.

Spence, Lewis, 1910 : « Calendar (America) », *Encyclopedia of Religion and Ethics*, t. III, 65-70.

Taqizadeh, S. H., 1938 : *Old Iranian calendars,* Londres.

Térilis, J., 1908 : « La vieille semaine et la prédiction du temps », *Revue Morbihanaise*, 396-398.

Thomson, George, 1943 : « The Greek Calendar », *Journal of Hellenic Stories*, 63, 58-65.

Thurneysen, Rudolf, 1899 : « Der Lalender von Koligny » , *ZCP*, 2, 523-544.

van Gennep, Arnold, 1958 : *Manuel de folklore français contemporain*, Paris, Picard, t. II.

1988 : *Id.*, t. I, 8, rédigé par B. Guichard.

Varenne, Jean, 1967 : *Mythes et légendes extraits des Brâhmanas*, traduits du sanskrit et annotés, Paris, Gallimard/Unesco.

Ventris, Michael, et Chadwick, John, 1973 : *Documents in Mycenaean Greek*, Cambridge, University Press (2ème éd., 1956).

Wackernagel, Jakob, 1923-1924 : « Dies ater », *ARW*, 22, 215-216.

Weber, Albrecht, 1859 : *Zwei wedische Texte über Omina und Portenta*, Berlin, Druckerei des Königlischen Akademie.

1892 : « Ueber den Vâjapeya », *Sitzungsberichte der königliche Akademie der Wissenschaften*, Berlin, 765-813.

1898 : *Indische Studien*, t. XVIII, Leipzig, Brockhaus et Berlin, Dümmler.

Weinhold, Karl, 1897 : « Die mystische Neunzahl bei den Deutschen », *Abhandlungen der berliner Akademie*, 2, II, 3-61.

Whitman, Cedric Hubbell, 1958 : *Homer and the Heroic Tradition*, Cambridge (Mass.), Harvard University Press.

IMAGINAIRE ET HISTOIRE CYCLIQUE

Lauric Guillaud

Professeur des universités – ICI

Selon l'historien des religions Jean-Charles Pichon[229], il y a toujours eu un lien constant entre histoire et création. Au confluent, il y a le mythe. Pichon voit l'histoire du monde comme l'alternance de périodes rationnelles et irrationnelles. L'humanité ne cesserait d'osciller entre des « temps de matérialisme » et des « temps de mysticité ». Ne conviendrait-il pas, écrit Pichon, d'étudier comment elle passe des uns aux autres ?

Pendant un certain nombre de siècles, l'humanité accède lentement à une prise de conscience de plus en plus vive de sa « liberté », dans un refus croissant des dieux ; puis, pendant une autre période, que caractérisent l'effondrement des civilisations anciennes et le dépérissement des techniques, l'humanité revient, tout aussi lentement, au sens de la divinité.

Ce premier courant aboutit aux périodes matérialistes, où il s'inverse en un éveil d'un dieu nouveau ; le second aboutit aux périodes mythiques (Âge d'or, Eden, Terre promise), où il s'inverse à son tour, dans le désespoir et le dépeuplement. De même, en ces périodes involutives, en ces « nuits » de l'humanité, le monde spirituel de la Durée retrouvée serait, en effet, comparable à une « machine à faire les dieux », comme le sommeil est une machine à faire les rêves.

Parmi les signes qui annoncent l'irrationnel, on trouve les sectes qui connaissent des montées en puissance, qu'il convient d'analyser chronologiquement et de rapprocher de la production créatrice des sociétés. L'art, et notamment la littérature, se voit ainsi octroyer un statut particulier — une fonction d'éclairage mythique ou spirituel, sinon prophétique —, car c'est la croyance en l'éternel retour qui légitime la prophétie (voir notamment *Nostradamus en clair* [230]). Comme, selon Pichon, nous sommes en plein rationalisme depuis le XVIIᵉ siècle, il est normal que l'éternel retour soit récusé par tout académisme.

Mircea Eliade a clairement montré que le mythe perdure à travers tous les événements anecdotiques de l'histoire. Son objet — quel que soit le mythe — est d'éterniser la « structure » dans laquelle ont vécu la tribu ou le peuple au temps de leur splendeur : Suprématie divine ou Science universelle, Terre fertile ou don de Prophétie. Et le rite cultuel, de même, a pour fonction de renouveler éternellement l'Âge d'or ou l'Origine du monde, l'Ancêtre modèle ou le Sage primordial.

---

[229] Voir notamment Jean-Charles Pichon, *L'Homme et les Dieux*, Ed. Maisonneuve, Ste Ruffine, 1986. Les paragraphes suivants sont inspirés directement par cet ouvrage.

[230] J.-C. Pichon, *Nostradamus en clair*, Robert Laffont, 1970.

1– LA LITTÉRATURE ET L'HISTOIRE CYCLIQUE

De 1650 à 1800, Perrault, Mme d'Aulnoy, les frères Grimm, Andersen, ont maintenu la vraie tradition, celle des fables et des légendes, c'est-à-dire des mythes et des dieux. Les contes ont assuré pendant trois siècles la permanence de l'Esprit : ils ont été le pont jeté par-dessus le temps de l'imposture et du rationalisme.

Au XIXe siècle, la science des mythes fait le fond de toute la poésie: la Vierge (Nerval), Lucifer (Vigny, Hugo), l'Oiseau (Hugo). D'autres écrivains exprimeront le refus de leur époque, la même attente d'un retour aux structures mythiques : le Balzac de la *Recherche de l'Absolu*, le Flaubert de la *Tentation de Saint Antoine* et de *Salammbô*, le Huysmans de *Là-bas*, le Dostoïesvski des *Possédés* ou des *Frères Karamazov*.

Voici venus les temps rationalistes (1820-1900). Étudier l'âge matéraliste qui commence au 18e siècle et s'affirme au siècle suivant, c'est étudier ce qui demeure de l'algèbre mythique dans un monde qui refuse précisément les mythes.

Cette remarque recoupe les préceptes de Mircea Eliade. Celui-ci exhorte en effet à démystifier les univers ou les langages apparemment profanes de l'art et montrer tout ce qu'ils comportent de sacré, évidemment d'un sacré ignoré, camouflé ou dégradé ; voir par exemple comment les archétypes mythiques survivent d'une certaine manière dans les grands romans modernes. « Quelle entreprise exaltante ce serait de révéler le véritable rôle spirituel du roman du 19e siècle qui, en dépit de toutes les formules scientifiques, réalistes, sociales, a été le grand réservoir des mythes dégradés »[231].

Il est assez remarquable que de nombreux poètes ou ésotéristes aient commencé leur quête par un « retour aux sources », c'est-à-dire l'expérience ou le goût de l'Islam : Victor Hugo (*Les Orientales*), Châteaubriant, Nerval (*Les Voyages en Orient*), les romantiques anglais, les théosophes américains ou Gobineau.

Quatre grands écrivains composèrent leur message essentiel entre 1862 et 1885 : Hugo, Michelet, Rimbaud et Nietzsche. Michelet écrit : « Les Dieux passent, mon Dieu. Au contraire, plus ils passent et plus il apparaît »[232]. Tous définissent le Dieu futur comme créateur et solaire.

Le Dieu nouveau, toujours est refusé. Les grands mystiques du siècle, réfugiés dans le mythe de création, Edgar Poe ou Nerval, Shelley, Kleist, Gogol, Van Gogh, Nietzsche, Rimbaud ont connu cette existence déchirée, rejetée par les pouvoirs, les universités, les salons, la critique et le public même, avant de sombrer dans la folie, de fuir l'occident ou de se tuer. Le Grand Réveil n'était pas proche, bien que les *années 1905* paraissent marquer un « tournant de l'histoire » — « temps de l'anéantissement »[233].

Un bouleversement est en marche : les signes se multiplient parmi lesquels la science-fiction et le fantastique qui signalent la dégradation de l'idéal matérialiste : dans *l'Ile Mystérieuse*, la science sauvait l'homme ; dès *La Guerre des Mondes*, elle le menaçait ; dans *Le meilleur des Mondes*, elle le détruisait. Les *Chroniques Martiennes* levaient un autre espoir au moment même où *Le Ravage* de Barjavel condamnait l'homme sur sa planète.

---

[231] Mircea Eliade, *Images et Symboles*, Gallimard, 1952, p. 12.

[232] Jean-Charles Pichon, *L'Homme et les Dieux*, op. cit., p. 460.

[233] Ibid., p. 486.

La science-fiction contemporaine ne fait plus l'éloge de la Machine et ne justifie plus la thèse d'un futur âge d'or matérialiste. Elle ridiculise celle-ci et s'épouvante de celle-là. Mais elle s'ouvre étrangement vite à la notion du mythe rédempteur, ou bien par le retour aux anciennes légendes (le diable, la sorcière, le loup-garou, le Graal, les Êtres de la Mer, etc...), elle tente de redonner à ses lecteurs le goût de l'irrationnel (voir *Le Grand Dieu Pan* d'Arthur Machen, 1894).

Parallèlement, on doit prévoir que l'actuel engouement pour la similitude prépare un renouveau de croyance au Retour. Si l'homme reflète l'homme, le Temps ne peut-il se refléter lui-même ?

Michelet, Nietzsche, Spengler (*Le Déclin de l'Occident*), Borges, Toynbee, M. Eliade. Aujourd'hui, tous sont discutés ou calomniés, mais de plus en plus on les lira. Puis, la science rejoint la philosophie. Le jour n'est pas éloigné, prévoit Pichon, où les travaux divers des historiens et des archéologues, des ethnologues et des idéologues (ou des théologiens) constitueront une « somme » qui ne sera plus explicable que par la théorie des cycles [234].

2 — L'ÉTERNEL RETOUR DANS LA SCIENCE-FICTION : CONTINENTS PERDUS ET TERRES CREUSES.

Environ deux mille romans de *lost-race tales* (mondes perdus) ont été publiés dans les pays anglo-saxons ces deux derniers siècles. Les « mondes perdus » constituent un « sous-genre » du roman d'aventures, un avatar littéraire de la colonisation et des découvertes scientifiques de la fin du XIXe siècle et du début du XXe. En étudiant la naissance et la mort du thème (1864-1933), on constate une résurgence d'anciens mythes (la Terre Creuse, l'Atlantide, le « petit peuple ») qui se greffent peu à peu sur les acquis de la science contemporaine.

En analysant l'*évolution* même du thème, on se rend compte que le déclin du thème, à l'orée de la Deuxième Guerre Mondiale, coïncide avec une métamorphose significative — celle des mondes perdus « rationnels » en « épopée fantastique » (*heroic fantasy*). Une boucle est bouclée, décrivant un *cycle* riche d'enseignements pour les amateurs d'imaginaire [235].

Les exemples qui suivent ressortissent à deux sous-thèmes, liés aux continents perdus, les romans atlantidiens et les terres creuses. Cet échantillonnage permettra d'apprécier le rapport qu'entretient la littérature d'aventures fantastiques vis-à-vis du vieux thème mythique de l'éternel retour.

A-LES ROMANS ATLANTIDIENS : L'Atlantide menaçante et renaissante

L'Atlantide apparaît dans sept œuvres de Verne [236]. Des *Aventures du Capitaine Hatteras* (1866), où sa présence est limitée à une hypothèse géographique, à l'« Éternel Adam » (1910), publication posthume, où elle est le fil conducteur du récit, l'image mythique s'inverse, passant par deux étapes intermédiaires (*Vingt Mille Lieues Sous les Mers*,

---

[234] Ibid., p. 499.

[235] Voir notre ouvrage, *L'Aventure mystérieuse*, ed.du CEFAL, Liège, 1993, et l'anthologie *Mondes perdus*, Omnibus, Presses de la Cité, 1993.

[236] *Les Aventures du Capitaine Hatteras* (1866), *Vingt Mille Lieues sous les Mers* (1870),
L'Île Mystérieuse (1874), *Kéraban-le-têtu* (1883), *L'Invasion de la Mer* (1905),
L'Agence Thompson et Cie (1907), "L'Eternel Adam" (1910)

1870, et *L'Ile Mystérieuse*, 1874). En quarante années de création romanesque, l'Atlantide, initialement associée au jardin des Hespérides, quitte son statut de pays merveilleux pour devenir « l'île-épave, lieu prosaïque par excellence, où les rescapés du déluge luttent contre la faim, les intempéries et la perte du langage »[237].

L'Atlantide immergée, dont Némo traverse les vestiges, représente un de ces « points suprêmes », permettant aux héros verniens de retrouver le monde primordial [238] : « Je marchais là même où avaient marché les contemporains du premier homme ! »[239]. Quant à Arronax, il suppose qu'« un jour, peut-être, quelque phénomène éruptif les ramènera à la surface des flots, ces ruines englouties ! » (p. 423). Prototype poétique des bouleversements telluriques, la disparition de l'Atlantide deviendra peu à peu dans l'œuvre vernienne une référence mythique contribuant « à donner une dimension eschatologique à l'œuvre de Jules Verne, la figure sinusoïdale des surgissements et des engloutissements venant illustrer la très ancienne *théorie de l'Éternel Retour*, remarque Ch. Foucrier[240].

L'évolution même de l'œuvre de Verne correspond à l'évolution du traitement du mythe atlantidien dans la fiction romanesque : dans un premier temps, le voyageur explore les ruines majestueuses du continent disparu (1870), puis on observe une transition vers une vision noire du mythe (*L'Ile Mystérieuse*, 1874), le motif « arcadien » s'inversant en motif « diluvien », jusqu'au « Nouvel Adam » qui se conclut sur le choc pathétique de la révélation des cycles de l'humanité, révélation douloureuse de l'inanité du progrès et de la décadence obligée des civilisations ; ce que Valéry traduira à sa façon en 1919 dans sa conférence sur « La Crise de l'Esprit » : « Nous autres, civilisations, nous savons maintenant que nous sommes mortelles ».

D'autres œuvres, plus nombreuses, mettent l'accent sur la menace qui pèse non seulement sur les visiteurs, mais sur la civilisation qui les envoie. Déjà, *A Bit of Atlantis* (1900) d'Erskine (John Buchan ?) montrait que le viol du sanctuaire atlante avait pour corollaire impitoyable la destruction finale de l'île[241]. Dans « Le Temple » (1920), H. P. Lovecraft conte la terrifiante aventure d'un sous-marinier allemand prisonnier des profondeurs et témoin de la survivance du peuple atlante. Mais ici, point de merveilles, seul subsiste le choc fatal de « ce secret silencieux des flots insondés, des siècles innombrables »[242]. Dès lors, la révélation équivaut au chaos mental et à la mort.

La dialectique sous-tendant le thème atlantidien (isolement/résurgence/menace) peut être envisagée comme le reflet de l'évolution du climat irrationnel qui baigne l'Allemagne prénazie. Si la terreur réside dans l'indicible chez Lovecraft, elle prend un aspect mythique, sinon religieux, chez A. Merritt et A.C. Doyle.

Le Visage dans l'abîme d'Abraham Merritt (1923-30) décrit le voyage de Nicholas Graydon dans une vallée inconnue proche du célèbre site de Machu-Picchu, et la découverte d'un monde perdu atlantidien, « Yu-Atlanchi »[243]. La lutte

---

[237]   Ch. Foucrier, "Jules Verne et l'Atlantide", *Actes du Colloque d'Amiens*, PUF, 1977, p. 100

[238]   M. Butor, "Le Point Suprême et l'Age d'Or", *Arts et Lettres*, n° 15, 1949, pp. 3-32

[239]   J. Verne, *Vingt Mille Lieues Sous les Mers*, Livre de Poche, 1966, p. 423

[240]   Ch. Foucrier, "Jules Verne et l'Atlantide", op. cit. p. 99

[241]   D. Erskine, *A Bit of Atlantis*, A.T. Chapman, Montreal, 1900.

[242]   H. P. Lovecraft, "Le Temple", *Lovecraft*, tome II, Bouquins, R. Laffont, 1991, p. 45.

[243]   A. Merritt, *The Face in the Abyss*, Avon, New York, 1931.

contre Nimir « à la Face Sombre », monstrueux visage de pierre sculpté dans la muraille d'une caverne, image d'un titan luciférien, enchaîné et brûlant de reconquérir son royaume, fait écho à celle de Maracot contre Baal-seepa, le « Seigneur à la Face Noire », dans *La Ville du Gouffre* d'Arthur Conan Doyle. Nimir et Baal-seepa, deux figures sataniques qui anticipent dans la fiction le sombre surgissement historique du national-socialisme...

Par ses allusions aux Ases, Loki et au Ragnarök, Merritt montre sa connaissance de la mythologie germano-scandinave. Les Germains, qui ne croyaient ni à l'éternité du monde ni à la pérennité de leurs dieux, étaient soumis au Destin. Loki, géniteur des monstres les plus horribles, triomphera avec un éclat de rire diabolique lors de la destruction du monde par les puissances d'en bas. Semeur de discorde, Loki succombera sous les coups d'Heindall, Ase dieu de la lumière et symbole du combat contre les ténèbres. La disparition est liée au « Ragnarök » (« Destin des Puissances ») ; en effet, la chute des Ases va précéder la fin tragique des temps, la condamnation de ce monde étant irrévocable. Selon une autre lecture, disons wagnérienne, Ragnarök est le « Crépuscule des Dieux », mais il s'agit fondamentalement d'une catharsis à l'échelle cosmique, car de ce nouveau chaos surgit la vie. *Rien n'est fini, tout recommence...* [244].

L'avant-dernier chapitre s'intitule « Ragnarök à Yu-Atlanchi » . À la tête des Ases, Graydon engage la bataille finale contre Nimir-Loki, « sous un ciel d'où tomberont des ombres glacées qui se battront contre des formes de feu » (p. 253), conformément à l'eschatologie nordique. On ne peut s'empêcher alors de faire un parallèle entre le « Ragnarök » littéraire de Merritt et le *Crépuscule des Dieux* musical de Wagner, dont les maîtres du IIIe Reich ne cesseront de faire l'éloge. « Tous les signes de destruction étaient visibles sur l'Ancien Monde, comme des anges de colère, au-dessus d'une Gomorrhe condamnée », dit le Duc du *Crépuscule des Dieux* d'Elémir Bourges, assistant à une représentation du *Götterdämmerung* où il voit le symbole de la fin d'un monde[245].

Certes, le « Destin des Puissances » s'accompagne de la seule destruction des forces du mal. Toutefois subsistent dans l'esprit du lecteur la menace lancée au monde par Nimir, ainsi que l'avertissement de la Mère-Serpent à une humanité pervertie par le matérialisme.

Dans *La Ville du Gouffre*, Baal-seepa proclamait : « Tout se passe comme si, d'un certain point, il devenait impossible d'aller plus loin. La patience de la nature est épuisée, et il ne reste qu'une solution : tout démolir et tout recommencer »[246]. Ce désir de purifier le monde en l'anéantissant rapproche le « Seigneur à la Face Noire » des théoriciens de l'Ordre Noir.

La morale de plusieurs romans atlantidiens de l'époque semble être la suivante : il est dangereux, sinon fatal, de troubler le repos éternel des Atlantes, c'est-à-dire, des dieux primitifs qui gisent enfouis dans leur royaume souterrain. Rappelons deux exemples caractéristiques : les explorateurs que décrit Haggard dans *When the World Shook*

---

[244] Voir A. Zamaron, *Le Monde d'Abraham Merritt*, ed. Ides et Autres, Bruxelles, 1986, pp. 68-69; *Dictionnaire des Mythologies*, Flammarion, Paris, 1981, vol. 1, pp. 463-464 (n.b. : Dans *Fruehling in Atlantis* (1933) l'écrivain allemand Edouard Kiss fera des Ases les "dieux blancs" ancêtres des Aryens, détournant ainsi totalement le mythe initial à des fins idéologiques).

[245] E. Bourges, *Le Crépuscule des Dieux*, Pirot, 1987, p. 212.

[246] A. C. Doyle, *La Ville du gouffre*, NéO, 1981, p. 187.

(*Le Jour où la Terre Trembla*, 1919) transgressent les interdits d'une population indigène insulaire et, ce faisant, provoquent le réveil des dieux assoupis, Oro et Yva qui avaient déjà noyé l'humanité 250 000 ans auparavant. Voyant l'étendue du mal qui ronge le monde, les dieux décident de procéder à un nouveau Déluge purificateur qui renvoie le lecteur aux thèmes du *réveil cyclique des dieux* et du cataclysme potentiel qu'il implique[247].

Une œuvre similaire, *Out of the Silence* (*La Sphère d'Or*, 1925), dynamise ce thème en introduisant des éléments raciaux qui rendent le roman prémonitoire. Erle Cox y décrit la découverte d'une sphère intra-terrestre, véritable musée technologique d'un passé immémorial, qui recèle une femme en état d'hibernation. Son réveil, une fois encore, entraîne une menace directe sur l'humanité, car la belle endormie veut procéder à un génocide systématique des races inférieures, grâce aux moyens technologiques avancés dont elle dispose[248].

Les Atlantes possèdent d'ailleurs l'arme suprême (*Le Continent Perdu*, de Hyne ; *The Tapestry of Time*, de Crawford). La destruction d'Atlantis par l'arme atomique renvoie aux craintes d'une génération inquiète des progrès de la science. Grâce à leur connaissance de la matière, les Atlantes peuvent observer le monde entier à son insu, dans *The Drums of Tapajos* (1930-31)) du Colonel Meek[249], mais les « Big Brothers » d'Atlantis peuvent s'avérer encore plus dangereux : *The Light in the Sky* (*La Lumière dans le Ciel*, 1929) de Herbert Clock et Eric Boetzel décrit la cité perdue d'Atzlan, civilisation ultra-scientifique fondée sur les pouvoirs de la lumière (la « huitième couleur »). Nouvel exemple de renversement mythique, la lumière est ici principe de destruction. Pour les prêtres, la fin du cycle doit coïncider avec l'avènement d'une *nouvelle ère* qui nécessitera la purification de l'humanité par le feu[250]. Cette énergie finit par anéantir la cité intraterrestre. Cette variation atlantidienne sur le thème de la lumière (« la Lumière dans le Ciel ») est intéressante, car elle paraît prophétiser la résurrection du dieu solaire annoncée par Gobineau et par Michelet[251], et imposée en ses symboles (croix solaire, runes, aryanisme) par le nazisme, avec les conséquences funestes que l'on sait. Il est d'ailleurs révélateur que la littérature atlantidienne, florissante à cette époque, insiste sur l'origine « aryenne » du peuple atlante. Cette identification est ainsi l'occasion de réécrire l'histoire de l'humanité et de la civilisation.

Les cités atlantidiennes sous-marines trahissent elles aussi dans la fiction une angoisse devant l'avenir. Joseph Delmont décrit dans *The Submarine City* (*La Cité sous-marine*, 1930) une gigantesque cité sous-marine abritant des sous-marins allemands qui s'apprêtent à conquérir le monde[252]. Ce roman s'inscrit dans la lignée des ouvrages de science-fiction idéologiques (*City of Endless Night* [*La Cité de la Nuit Eternelle*], 1919, de M. Hastings ; *The New Race of Devils* [*La Nouvelle Race des Diables*] 1921, de J. Bernard) qui décrivent les Allemands fourbissant des armes de plus en plus sophistiquées pour satisfaire leur désir de revanche et de reconquête.

---

[247] H. R. Haggard, *Le Jour où la Terre Trembla* , in *Atlantides, les Iles englouties*, Omnibus, Presses de la Cité, 1995, pp. 213-504.

[248] E. Cox, *Out of the Silence*, E.A. Vilder, Melbourne, 1925.

[249] S. P. Meek, *The Drums of Tapajos*, Avalon, New York, 1961, pp. 100 et 141

[250] Herbert Clock/Eric Boetzel, *The Light in the Sky*, Coward-McCann , New York, 1929, p. 158.

[251] J.-C. Pichon, *Histoire des Mythes*, Payot, 1971, p. 266

[252] J. Delmont, *The Submarine City*, Hutchinson, 1930.

Conformément à la malédiction qui l'a frappée initialement, l'Atlantide littéraire finit le plus souvent par s'abîmer dans les flots. Toutefois, l'Atlantide « revisitée » par les romanciers a eu pour effet de suggérer l'idée d'une « Nouvelle Atlantide ». Ainsi la fiction de mondes perdus démontre que le continent mythique a survécu au déluge, mais que cette renaissance peut à nouveau s'achever dans la tragédie, comme le laissent entendre de nouvelles prophéties... qui ne font que perpétuer les premières (voir *Le Continent Perdu*, de Hyne).

La destinée atlantidienne semble régie par une sorte de *balancier cosmique*. L'Atlantide disparaît dans les flots lorsque triomphe le monde profane, tandis que sa résurgence correspond à une menace cataclysmique sur la Terre, ce que confirme *The Divine Seal* (*Le Sceau divin*, 1909) de E. L. Orcutt. Le surgissement quasi magique du continent atlantidien au moment même où l'Angleterre sombre dans les flots, procède de la même fatalité dans le roman de O. Creswick, *The Turning Wheel* (*La Roue du Temps*, 1928), dont le titre est à lui seul révélateur de l'essence même du symbole atlantidien[253].

La forme circulaire de la cité d'Atlantis, même sous son avatar sous-marin (la bulle, le dôme, etc.), correspond au modèle platonicien (trois enceintes circulaires concentriques). À l'idée de perfection est adjointe celle du temps, proche du symbole solaire de la roue qui figure le « cycle continu du renouveau »[254], le « chakra » des Hindous ou la « Rota Mundi » des Rosicruciens. Le schème de la circularité induit donc celui du *cycle*, d'où le motif de la réapparition périodique de l'Atlantide (résurgence, reconnaissance, réveil ou menace). C'est ainsi qu'il convient d'interpréter la violente [ré-] émergence de tout un continent dans la mer des Sargasses, au moment où la Grande-Bretagne risque d'être rayée de la carte dans *The Survivors* (*Les Survivants*, 1932) de F. H. Sibson, et la soudaine aspiration des héros dans la spirale du temps, dans *Three Go Back* (*Le Retour des Trois*, 1932) de J. L. Mitchell, alors que leur avion survole un séisme marin dans l'Atlantique[255].

Par leur régression historique, les personnages de Mitchell découvrent la bestialité originelle et les perpétuels bouleversements qui modèlent la Terre depuis le début des temps. Comme les héros de Jules Verne analysés par Michel Serres, ils observent que « le temps monte et le temps descend, selon les volcans et le feu de la terre. Le temps est circulaire, et l'histoire est un autre cercle »[256]. La résurgence atlantidienne est comme l'île de *L'Île Mystérieuse*, qui a émergé d'un volcan et qui sera immergée par un volcan, une « récapitulation de l'histoire des hommes, mais seulement sur un segment partiel de l'éternel retour » (p. 160). De même que « le monde est un cercle de cercles » et que « les mythes forment des espaces par cycles de cycles » (pp. 160-161), l'Atlantide trace « le *cercle de l'éternel déluge* » (p. 127).

L'idée de résurgence atlantidienne était apparue dans « L'Éternel Adam » de Jules Verne (1910), texte fondamental qui mettait en parallèle le cataclysme de notre propre civilisation fondée sur la science, et la surrection simultanée du continent mythique, l'engloutissement de l'Amérique coïncidant avec la réapparition de l'Atlantide dont le destin est l'image passée de ce que l'avenir nous réserve.

---

[253] E. L. Orcutt, *The Divine Seal*, C. M. Clark, Boston, 1909 ; P. Creswick, *The Turning Wheel*, Heath Cranton, London, 1928.

[254] L. Benoist, *Signes, Symboles et Mythes*, Que sais-je, PUF, Paris, 1981, p. 58

[255] F. H. Sibson, *The Survivors*, W. Heinemann, London, 1932 ; J. L. Mitchell, *Three Go Back*, Bobbs-Merrill, Indianapolis, 1932.

[256] M. Serres, *Jouvences sur Jules Verne*, ed. de Minuit, Paris, 1974, p. 160

Cette renaissance cyclique nous renvoie à notre propre précarité, comme le montre aussi *Le Soleil Enseveli* (1928) de Noëlle Roger, dont les héros sont miraculeusement témoins de la nouvelle émergence de la patrie des Atlantes et de leurs trésors merveilleux. « Pour eux », dit le héros du roman, « le monde invisible était une réalité. Notre époque désagrégée aurait besoin de leur force »[257]. La décadence et le matérialisme renvoient ainsi à la nostalgie d'un Âge d'or aboli, le paradis atlante, et l'on constate que la corruption des notions de science positive et de progrès dans les années 1920-30 coïncide avec l'essor de la science-fiction atlantidienne qui nous rappelle la permanence des anciens archétypes, de l'homme ancestral, de ses croyances et de ses dieux. Mais de même que dans l'Histoire, le regain d'irrationnel a eu pour corollaire le déferlement des hordes nazies, la résurgence d'Atlantis dans la fiction équivaut à une « onde » de choc : ceux du cataclysme et du réveil menaçant des dieux, ainsi que le choc pathétique de la révélation des cycles de l'humanité dans « l'Eternel Adam » de Jules Verne :

« Par ce récit d'outre-tombe, il imaginait le drame terrible qui se déroule perpétuellement dans l'univers, et son coeur était plein de pitié. Tout saignant des maux innombrables dont ce qui vécut avait souffert avant lui, pliant sous le poids de ces vains efforts accumulés dans l'infini du temps, le Zartog Sofr-Aï-Sr acquérait, lentement, douloureusement, l'intime conviction de l'éternel recommencement des choses »[258].

B. LES TERRES CREUSES DE H. P. LOVECRAFT

H. P. Lovecraft reprend les éléments traditionnels du « lost-race tale » (manuscrit mystérieux, héros explorateur ou homme de science, découverte de ruines immémoriales, exploration archéologique, combat contre le monstre, rhétorique de la vraisemblance, etc.), mais désormais le « monde perdu », est un « topos » terrifiant. Le cycle « découverte-menace sur le peuple perdu » cède la place au cycle « découverte-menace pour notre monde », la réapparition d'une civilisation submergée ou l'exhumation des vestiges de quelque sanctuaire oublié induisant une menace subséquente pour l'humanité. La dégénérescence des « Grands Anciens » renvoie le lecteur à la futilité et à la fugacité des notions de civilisation et de progrès dont les fondements rationnels sont inéluctablement menacés.

« L'Appel de Cthulhu » (1926) correspond à trois récits dont le lecteur observe les parallèles croissants. « L'horreur d'argile » conte la découverte, par le narrateur, d'une tablette d'argile couverte de hiéroglyphes inconnus et comportant le portrait d'un horrible monstre en relief. Joints à la tablette, deux manuscrits décrivent deux récits ressemblants, le premier rédigé par un sculpteur, Wilcox, le second par un policier, l'Inspecteur Legrasse. Le sculpteur voit en rêve une cité cyclopéenne et d'étranges bas-reliefs qu'il reproduit plus tard en atelier[259].

Dans « Le récit de l'inspecteur Legrasse », on apprend comment le policier, qui enquête sur le vaudou en Louisiane, entre en possession d'une statuette horrible liée à un culte mystérieux. Un scientifique, le Prof. Webb étudie la statuette qui lui rappelle l'objet de culte d'une secte dégénérée du Groenland. Surpris, Legrasse et Webb

---

[257] N. Roger, *Le Soleil Enseveli*, Calmann-Lévy, 1928, p. 19.

[258] J. Verne, "L'Eternel Adam", in *Atlantides, les Iles englouties*, op. cit., p. 212.

[259] H. P. Lovecraft, "L'Appel de Cthulhu", in *Lovecraft*, vol. 1, Bouquins, R. Laffont, 1991.

constatent la parfaite identité des chants religieux vaudous et esquimaux qui affirment : « Dans sa demeure de R'lyeh la morte Cthulhu rêve et attend ».

Après son enquête sur la secte mystérieuse, Legrasse réussit à avoir des éléments qui vont lui permettre de reconstituer les détails du culte. Ces éléments vont former les bases de ce qu'on appelle le « Mythe de Cthulhu ».

« La folie venue de la mer » constitue le prolongement logique et définitif de la prophétie de Cthulhu. L'ultime pièce de puzzle est fournie par le témoignage d'un marin norvégien, Gustav Johansen, seul survivant d'une tragédie maritime, qui décrit la découverte d'une île étrange, non portée sur les cartes, sans doute consécutive à un séisme marin. Comme la cité onirique de Wilcox, la cité insulaire est d'une architecture étrangère à la conception humaine, d'une géométrie « non euclidienne ». Une gigantesque porte révèle l'horreur suprême :

« La Chose des idoles, le vert, le gluant produit des étoiles, s'était *réveillée* pour venir réclamer ce qui lui appartenait. *Les étoiles étaient à nouveau dans la juste position*, et ce qu'un culte célébré depuis des âges n'avait pu faire à dessein, un groupe d'innocents marins l'avait fait par accident. *Au bout de vingt millions d'années, le grand Cthulhu était à nouveau libre et ivre de joie* » (pp. 85-86).

À la fin de la nouvelle, le narrateur présume que Cthulhu est à nouveau prisonnier des bas-fonds, mais affirme que le monde n'est pas à l'abri d'une nouvelle éruption, car les apparitions de la divinité marine, prophétisées par des écrits maudits, présentent un caractère *cyclique* – (« Ce qui s'est soulevé peut s'enfoncer et ce qui s'est enfoncé peut se soulever... », p. 88) – caractéristique, ainsi que nous l'avons vu, du thème des continents perdus.

H.P. Lovecraft avait déjà pressenti, dans sa nouvelle « Dagon », cette « loi » des continents perdus, mêlant verticalité et circularité pour exprimer un augure d'angoisse et de cataclysme.

« Mon rêve étrange se poursuit et je vois le jour où [ces êtres sans nom] *s'élèveront* au-dessus des flots pour engloutir l'humanité affaiblie par les guerres. Ce jour-là, les terres *s'enfonceront*, et le fond des sombres océans *se dressera* au-dessus des eaux pour envahir l'univers »[260].

Ecrite en 1934, publiée en 1936, « Dans l'abîme du temps » (« The Shadow Out of Time ») offre à nouveau une pseudo-histoire de notre planète comprenant l'arrivée, la croissance et le déclin cataclysmique d'intelligences dont les civilisations successives se sont étalées et ont disparu dans des époques antérieures à notre histoire[261].

Le narrateur, le Professeur Peasley, débute son récit par un avertissement solennel à l'humanité, similaire à celui de la nouvelle précédente. Il s'agit pour l'homme de reconsidérer sa place dans l'univers, de revoir sa notion de temps, et d'être prêt à affronter un péril monstrueux, mais, avant tout, doit cesser toute fouille en Australie.

Atteint d'amnésie en 1908, Peasley connaît cinq ans d'« absence », sa personnalité ayant été aliénée. Les sources de ses connaissances sont inexplicables, les voyages se multiplient (Himalaya, Arabie, Arctique, Virginie), d'étranges lectures sont assimilées (*Culte des Goules*, *Necronomicon*, etc.). Lorsque Peasley se réveille, il ne se souvient de rien (ch. 1).

---

[260] Id., "Dagon", ibid., p. 23.

[261] Id., "Dans l'abîme du temps", *Lovecraft*, vol. 1, op. cit.

Le narrateur éprouve des difficultés à revivre normalement. Son entourage l'abandonne, à l'exception de son fils Wingate. Peasley est de plus en plus persuadé qu'il a été investi par une force malsaine. Ses rêves ne font que renforcer cette idée : « Quelque chose, issu d'un abîme insoupçonné de la Nature, s'était-il aventuré en aveugle à travers le temps ? » (p. 525). Dans ses cauchemars, Peasley se voit toujours prisonnier de quelque lieu immémorial où se dressent des bâtiments d'architecture gothique (ch. 2). Émettant l'hypothèse qu'il est sous l'influence des récits mythiques qu'il a absorbés, le narrateur étudie un cycle mythique préhumain, la « Grande Race », originaire des étoiles, « aussi ancienne que le cosmos ». Cette race aurait le pouvoir de se projeter mentalement dans le passé et dans le futur, investissant de force les esprits d'un autre âge (ch. 3).

Alors commence la longue description de l'histoire de la Grande Race. Elle décrit un peuple ultra-scientifique qui accumule dans ses « Archives Centrales » tout le « savoir universel » passé, présent et futur, transcendant Temps et Espace (ch. 4).

Le tournant de la nouvelle se situe lorsque Peasley reçoit d'Australie une lettre lui annonçant qu'on vient de retrouver les vestiges d'une civilisation perdue. Peasley, reconnaissant une certaine similarité des hiéroglyphes décrits avec ceux de ses rêves, décide de former une expédition. Arrivé sur place, le narrateur observe les bâtiments cyclopéens apparus dans ses rêves et reconnaît l'un des bâtiments fabuleux construits par la Grande Race, porte d'entrée scellée de la prison souterraine des créatures asservies (ch. 5).

Peasley trouve l'entrée souterraine et s'y glisse. Dès qu'il est à l'intérieur, il n'a aucun mal à se repérer. La conclusion s'impose : « Je connaissais cet endroit ». Peasley a trouvé dans cet « abîme du temps » le point nodal du cosmos, le « monde perdu » suprême où tous les plans s'interpénètrent : « A en croire les rêves et les légendes, c'est là que reposait toute l'histoire, passée et future du continuum espace-temps — rédigée par les esprits captifs de toutes les planètes et de toutes les époques du système solaire » (p. 559). Pris de curiosité, le narrateur poursuit sa quête (ch. 6).

Comme en un rêve récurrent, Peasley se glisse sans dommage dans la Salle des Archives et saisit le document étonnant qu'il recherchait. Toujours plus bas, il tombe sur la porte scellée, mais cette fois grande ouverte (ch. 7). Pris de panique, le narrateur s'enfuit comme un fou, se sentant menacé par une terrible créature « sifflante ». Dans sa fuite, Peasley laisse tomber le document inestimable, la preuve « perdue », mais il sait ce qu'il a vu et ce qui le hantera à jamais :

« Aucun oeil n'avait vu, aucune main n'avait touché ce livre depuis la venue de l'homme sur cette planète? Pourtant, lorsque je braquai ma torche sur lui dans ce terrifiant abîme, je vis que les caractères bizarrement colorés sur la page de cellulose cassante et brunie par les âges n'étaient pas du tout de ces hiéroglyphes obscurs datant de la jeunesse de la terre. Non, c'étaient les lettres de notre alphabet familier, composant des mots anglais, *écrits de ma main* »(pp. 221-222).

L'ultime révélation est l'horreur suprême, et en quelques lignes Lovecraft ébranle les fondements de la rationalité humaine. La découverte de Peasley anéantit toute pensée de suprématie humaine, même dans l'« histoire locale » de la terre. Le passé immémorial rejoint le futur le plus lointain. Le narrateur s'aperçoit avec angoisse que c'est sa propre main qui a rédigé la « lettre perdue ». La boucle est bouclée.

L'altérité lovecraftienne introduit l'idée de contamination psychique et d'invasion irrésistible, comme le laisse entendre Peasley lorsqu'il observe la trappe ouverte dans l'abîme, qui préfigure un envahissement massif du monde extérieur. D'autre part, l'insistance de Lovecraft sur le thème de la décadence de la civilisation des « Anciens » n'est pas innocente, car elle renvoie à notre propre chute. La ruine des cités cyclopéennes des « Montagnes Hallucinées » et de « Dans l'abîme du temps » n'est qu'un des échos tragiques de notre devenir cyclique, prémonition angoissée de notre civilisation humaine menacée par l'inflation mécaniste et scientifique, préfiguration d'un monde « perdu », le nôtre :

« Ces gens seront ébahis par les légendes que leurs propres vieilles femmes et sorciers tisseront à propos des ruines des ponts, des métros et des fondations en béton »[262].

Dans un conte inachevé, « Le Descendant » (ca 1926), Lovecraft évoque un homme seul, en quête d'« Ailleurs », l'esprit « au bord du monde » comme l'écrirait W. H. Hodgson — sans doute lui-même :

« Mais peut-être aussi, dans une partie inexplorée de son cerveau, détenait-il la *clé mystérieuse*, la clé qui lui ouvrirait enfin les portes des *civilisations oubliées et futures* et l'accès à des *dimensions perdues* qui le conduiraient aux étoiles, à l'infini, à l'éternité »[263].

CONCLUSION

La quête des « points suprêmes » que sont les pôles, le centre de la Terre, le volcan, et le thème de l'Âge d'Or à travers les images de l'Atlantide, de l'immortalité ou du Jardin d'Eden, participent de la même imagination verticale dont l'axe structure à la fois l'espace (mondes perdus « rationnels ») et le temps (mondes perdus « irrationnels » des années 20-30). Si le voyage souterrain est conquête, il est aussi régression, récupération d'un secret et d'un savoir « perdus ». Il ne peut plus y avoir d'exploration, mais seulement [re]-découverte d'un passé « oublié-enfoui », des origines du monde et de l'homme, « effacées-conservées »[264].

En appliquant les « chemins du ciel sur les géodésiques de la terre », pour reprendre la formule de M. Serres[265], le spéléonaute visite des lieux qui sont autant d'emboîtements qui structurent sa vision du monde : lieu primordial — bord du monde — gouffre — pôle — cercle, induisant l'idée de centre définie par Mircea Eliade comme « point focal de la rencontre du paradis, du monde et de l'enfer souterrain »[266].

L'imaginaire est soumis aux points géométriques autour desquels la fiction prend cohérence, le long d'une échelle qui va « de la circonférence de tous lieux au point de nul lieu, du cercle au pôle, de partout à nulle part »[267]. Voyage dans le temps

---

[262] H. P. Lovecraft, *Selected Letters*, Vol. II, Arkham House, 1971, p. 43

[263] Id., "Le Descendant", in *Lovecraft*, vol. 1, op. cit., pp. 56-59.

[264] Voir S. Vierne, *Jules Verne et le Roman Initiatique*, ed. du Sirac, 1973 ; M. Serres, *Jouvences sur Jules Verne*, Ed. de Minuit, 1974.

[265] M. Serres, "Géodésiques de la Terre et du Ciel", *L'Arc*, "Jules Verne", n° 29, Paris, 1966, pp. 14-19.

[266] M. Eliade, cité par M. Duperray, "La Maison au Bord du Monde", Horizons du Fantastique, n° 22, Paris, 1973, p. 16

[267] M. Serres, *Jouvences sur Jules Verne*, op. cit., p. 90

ou voyage vers la fin des temps, la quête souterraine passe par des points précis qui sont « *transpercés par le retour éternel* » , comme l'écrit M. Serres (p. 90). En outre, les « continents perdus », qui ont une dominante naturelle « apocalyptique », sous-entendent une conception similaire, car « l'apocalypse, en assurant le renouvellement cosmique, apporte l'espoir d'une récupération de la béatitude des commencements »[268]. Le cataclysme n'est que le signe annonciateur de l'imminente recréation du Monde.

Nombre de continents perdus et de mondes souterrains expriment une vision cyclique de l'histoire. Pour le démontrer, il suffirait d'emprunter à Mircea Eliade les thèmes qui participent selon lui du « Mythe de l'Éternel Retour »[269] et de les mettre en perspective avec quelques romans étudiés précédemment. Nous nous contenterons d'évoquer le symbolisme du « Centre du Monde » ou de l'« Axis Mundi » (p. 23), l'abolition du temps (p. 49), la suspension du temps profane (p. 51), la fin du monde, liée à une vision apocalyptique (p. 82), la décadence progressive de l'humanité (dégénérescence des mondes souterrains), etc. Si le thème de l'Éternel Retour exige celui de la Terre Creuse, c'est que le centre de la Terre, « zone du sacré par excellence » (p. 30), est le lieu éminent du réveil du passé. Plusieurs œuvres de Lovecraft (« Dagon », « Dans l'abîme du temps ») comportent des motifs (retour des dieux, réincarnation) qui affirment une « conception cyclique de la disparition et de la réapparition de l'humanité » (p. 106).

Voici plus de 2 500 ans que les continents perdus, sous la terre ou sous les eaux, jalonnent notre Histoire de leurs résurgences et de leurs disparitions successives, au gré d'une littérature pseudo-scientifique ou purement romanesque. Le mythe atlantidien, véritable « sur-mythe », est le moteur narratif de l'éternel recommencement des choses, l'« éternel déluge » qui préfigure les temps nouveaux, et qui dessine un étrange mouvement de balancier cosmique, oscillant entre le futur et passé, les Nouvelles Atlantides et les continents archaïques, l'utopie et la régression, le messianisme et le retour au temps originel, la science-fiction et l'*heroic fantasy*. C'est une histoire fabuleuse à jamais recommencée qui se souvient de notre futur, qui nous renvoie aux mystères de nos origines tout en nous annonçant les Âges Sombres, surtout dans ces moments confus où l'humanité a perdu le sens de la spiritualité, et lorsque les dieux amorcent le retour fatal, pressenti avec terreur par des écrivains tels que R. E. Howard, C. A. Smith, H. P. Lovecraft ou A. Merritt. Est-ce un hasard si ces auteurs américains sont plus sensibles que d'autres aux thèmes eschatologiques, la révolte contre le passé historique, l'aspiration à un nouveau commencement, et en même temps, à « l'obsession du primordial, du commencement absolu », à l'instar de Thoreau ou de Whitman, ainsi que le note Mircea Eliade[270] ? Les mondes perdus atlantidiens constituent un fragment d'« histoire primordiale » dont la circularité fatale esquisse les récurrences de nos apogées, de nos décadences et de nos disparitions. Nous gardons au plus profond de nous l'Atlantide mythique avec le sentiment mêlé de peur et d'espoir que nous éprouvons devant l'archétype même du grand mystère.

---

[268] F. Raphael, "Le Millénarisme", Magazine Littéraire, n° 232, juillet-août 1986, p. 21

[269] M. Eliade, *Le Mythe de l'Eternel Retour*, Gallimard, 1975.

[270] M. Eliade, *La Nostalgie des Origines*, Gallimard, 1971, pp. 184-187

Les vieux mythes de l'Atlantide et de la « Terre creuse » sont éminemment périodiques, plongeant temporairement dans les oubliettes de l'histoire, attendant de resurgir un siècle prochain, fidèle à leur tradition cyclique. La science-fiction, à cet égard, fournit le véhicule littéraire idéal à la mémoire ancestrale réactivant les vieilles légendes pendant le sommeil des dieux. Comme l'écrit Jean-Charles Pichon :

« La science-fiction nous rappelle que, durant des millénaires, nos ancêtres ont créé des cités, des langages, des poèmes, des croyances et des dieux. Sous le voile des « voyages » dans le Temps ou l'Espace, elle nous montre d'autres hommes, d'autres êtres parfois, qui vivent selon des mythes ou des structures tout différents des nôtres : elle nous replace ainsi dans notre temps réel, qui n'est pas un aboutissement de siècles d'erreurs et de superstitions, mais un chaînon parmi d'autres de la longue suite des âges.... »[271]

---

[271] J.-C. Pichon, *L'Homme et les Dieux*, op. cit., p. 487

NOTES DE LECTURE PAR GEORGES BERTIN

Aurell Martin,
La légende du Roi Arthur, 550-1250.
Paris, éditions académiques Perrin, 2007, 632 p.

Le grand historien Martin Aurell, professeur à l'université de Poitiers, membre de l'Institut Universitaire de France, signe ici une synthèse magistrale et documentée qui fera date dans l'historiographie arthurienne. C'est pour nous l'ouvrage qui manquait. D'où d'ailleurs la difficulté d'en rendre compte, du fait de la luxuriance du propos. En effet, l'érudition prodigieuse de l'auteur, son souci du détail et de la juste référence au service d'une approche contextuelle des divers écrits arthuriens ne le cède en effet jamais à la clarté d'une expression raffinée. Si l'approche historique y est prépondérante, pour autant, l'auteur ne s'y enferme pas, il sait emprunter aux disciplines voisines des éléments de compréhension : théologie, sociologie, géographie sacrée, voire mythologie et études folkloriques sont utilisées par lui pour rendre compte de la foisonnante beauté du mythe arthurien. J'y ai en outre retrouvé la passion qui guide Martin Aurell dans l'exposition des faits médiévaux et que j'ai eu le bonheur de partager avec lui en assistant, à Poitiers, au séminaire de doctorat où il a bien voulu m'accueillir ces deux dernières années.

...

L'ouvrage est composé de quatre parties, agencées en véritable symphonie, soit de la source au ruissellement de cet univers mythique en ses diverses assomptions.

Le héros des bretons, genèse (6ᵉ au 11ᵉ siècles),
Entre clercs et rois, renaissance (12ᵉ siècle),
Chrétien de Troyes et ses cours, apogée (fin 12ᵉ siècle),
La quête du Graal, maturité (1200-1250).

Les illustrations sont claires, agréables, commentées avec justesse, les sources citées sont prolixes, et un index de 19 pages facilite heureusement la circulation dans l'ouvrage.

« Arthur, nous prévient d'emblée l'auteur, hante l'imaginaire des hommes et des femmes qui entretiennent le souvenir de ses aventures » et Martin Aurell s'attache précisément à expliciter, mettre en lumière, faire surgir les fondements de cet imaginaire dans les relations qu'il entretient pendant les sept siècles étudiés, aux œuvres racontant ses exploits et ceux de sa mesnie. Ce faisant, il nous permet, du même coup, d'accéder à la dimension symbolique universelle qui en fait, encore aujourd'hui, le succès.

Pour ce qui nous concerne, plus attachés aux liens existants entre les récits arthuriens et les marches de l'Ouest, retenons en quelques éléments.

Les Normands.

Ils sont liés de façon quasi intrinsèque au légendaire arthurien, et ce pour diverses raisons.

D'abord, colonisant le Pays de Galles après la conquête, dans les années 1080, ils vont occuper nombre d'évêchés locaux (p. 69) et l'auteur indique, dans leur recherche de légitimité, leur volonté, face aux Gallois, de promouvoir l'hagiographie locale, les cultes locaux et à les encourager, d'où l'origine des Vitae (telle de saint Cadog) où se rencontrent pour la première fois la figure d'Arthur celle de Merlin, etc. Et d'insister sur le rôle de l'abbaye de Glastonbury, autre lieu de tension entre laïcs et clercs cette fois. Mutatis mutandis, je me demande si un phénomène d'émergence de même type ne peut être lu à partir du 6ᵉ siècle aux marches de Gaule et de Petite Bretagne où l'on voit surgir la figure de Lancelot près de celle d'un ermite local ?

Geoffroi de Monmouth, l'auteur de *L'Histoire des Rois de Grande Bretagne*, a exercé une influence permanente sur l'historiographie arthurienne (p. 103). Il est proche de Robert de Gloucester et fréquente la très haute aristocratie normande à Oxford (bien qu'évêque des Galles du Nord), où il étudie, il écrit son œuvre à la cour d'Henri 1ᵉʳ Beauclerc, (p.05). Robert est le fils bâtard de ce dernier, et Geoffroi sera partisan de l'impératrice Mathilde épouse de Geoffroi Le Bel Plantagenêt, ce qui nous ramène encore aux Marches de l'Ouest. Il cite souvent Caen et Bayeux, cités fondées, dans son livre, par deux lieutenants d'Arthur tout en étant partisan des gallois et plus largement des celtes qu'il valorise au travers de l'évêché de Dol et des Cornouailles. Pour Martin Aurell, son œuvre présente des « récits d'origines diverses greffés sur une structure narrative dont les spécialistes quêtent avec bonheur les racines » (p. 117), il campe un Arthur fils de son temps, introduisant même avant Chrétien de Troyes les valeurs chevaleresques et courtoises dans ses récits et c'est encore lui qui participe de la sacralisation d'Arthur en lui faisant faire retraite en Avalon. On lui doit aussi, souligne M.A., la superbe mise en scène de Merlin : *Les Prophéties de Merlin* (1134-35), conservées avec *l'Histoire…* dans l'abbaye normande du Bec Hellouin qui semble en avoir eu une des premières copies.

Les souverains anglo-normands, surtout avec Henri II Plantagenêt et Aliénor d'Aquitaine devenue son épouse, vont favoriser la diffusion de la légende arthurienne en Occident (p .165). « Grâce à eux, ajoute l'auteur, elle sera appréciée au-delà d'un groupe restreint d'initiés normands qui la connaissaient sur le continent ».

Martin Aurell passe alors en revue les diverses sources bibliographiques existantes et les discute soigneusement. En espérant ne pas trahir sa pensée, retenons en, modestement, quelques éléments, du côté de *l'influence normande :*

Robert de Gloucester a contribué à la propagation de *L'Histoire…* de Geoffroi traduite en anglo-normand par Robert Gaimar. Il est par ailleurs lié à Robert de Torigni abbé du Mont saint Michel, ancien bibliothécaire du Bec Helluin !

Aliénor d'Aquitaine connaît la Matière de Bretagne et plusieurs des troubadours de sa cour mentionnent les thèmes arthuriens dans leurs écrits,

L'auteur du *Roman de Brut,* Wace, est né en l'île anglo-normande de Jersey et a été éduqué à Caen et où il a écrit la majeure partie de son œuvre, il est sensible aux réalités continentales.

Le cycle des chansons des amours de Tristan et Yseut, composé en Angleterre (nous savons aussi que Béroul était de Mortain), présente des ressemblances avec les événements et les attitudes politiques du temps (p. 177),

Marie de France et ses lais : réexaminant la question controversée de l'identité de Marie de France, M.A. la rattache par ses origines (elle est fille de Galeron de Meulan) à l'aristocratie normande de la cour d'Henri II qu'elle aurait fréquenté.

À propos de l'utilisation de la Matière de Bretagne en idéologie favorable à la maison d'Anjou, MA montre qu'elle participe de la « *légitimation de sa dynastie en Normandie* ». L'invention en 1190-1191 des dépouilles d'Arthur et de Guenièvre à Glastonbury, à l'avènement de Richard Cœur de Lion, est ainsi examinée dans le sens d'un détournement de la vocation initiale du héros des celtes au profit des Plantagenêts, comme d'ailleurs le don de Caliburn (Excalibur) à Tancrède de Sicile, (un normand), par Richard en signe d'alliance en 1191. Richard ne se privera pas non plus de cette captation légendaire, étant le premier roi d'Angleterre à être comparé à Arthur (p. 201). Dans ce sens les *latimers* (clercs traducteurs et « transmetteurs ») au travers de la Manche, plus trait d'union que frontière, joueront un rôle important (nous avions nous-même montré par exemple quelle avait pu être l'influence de l'Abbaye de Lonlay en Passais via ses prieurés en Angleterre — dont Stogursey, proche de Glastonbury — et sur le continent). Ils contribuent, comme les jongleurs, à passer la Matière de Bretagne d'un univers linguistique à l'autre (p.221). Ainsi l'image d'Arthur va proliférer à l'époque jusqu'à Santiago de Compostella (on trouvait sur la façade de l'édifice pré romanique des scènes du Tristan), à Modène (le célèbre archivolte de la cathédrale est reproduit dans l'ouvrage, il présente Arthur libérant Guenièvre de ses ravisseurs) ainsi qu'à Otrante (mosaïque arthurienne rappelant la Chasse Hellequin appelée Chasse Artus au bocage normand), ville conquise par le normand Robert Guiscard, en 1070, et dont le fils Bohémond 1er, futur prince d'Antioche, présidera aux travaux de la cathédrale.

Chrétien de Troyes.

Martin Aurell clôt avec autorité la question souvent débattue de l'identité de l'auteur médiéval le plus connu, aussi un des plus grands poètes français de tous les temps. Examinant les sources historiques connues, il le situe avec une très grande probabilité de certitude dans l'entourage de Marie de Champagne (fille d'Aliénor) et de son époux Henri le Libéral, c'était un chanoine très érudit, sans doute de la cathédrale Saint Loup de Troyes.

Pour autant, examinant ses écrits, MA montre que l'auteur du *Cligés* avait une connaissance précise du Sud de l'Angleterre et, pour *Le chevalier à la Charrette*, entretenait une certaine familiarité avec la Basse-Normandie. Il écrit : « les micro toponymes de l'Avranchin ou la disposition exacte du site de Windsor (nous pourrions ajouter celle du site de Gorron ou de certains paysages du Passais), que Chrétien est capable de donner cadrent mal avec des informations de seconde main » (p.183). Et MA de proposer, à l'époque de la publication du roman d'*Erec et Enide,* (1170-1176), un voyage en Normandie et en Angleterre, fréquentant peut-être la cour d'Henri II ; il souligne également les synchronismes et concordances onomastiques ave les événements de l'époque. Tout ceci corrobore l'hypothèse dite Bansard/Payen sur laquelle nous travaillons depuis quarante ans !

Toutefois l'honnêteté de l'historien l'oblige à préciser : « Nous ne saurons jamais avec une certitude absolue si Chrétien de Troyes s'est rendu à la cour d'Henri II et d'Aliénor ni s'il a profité de leur protection ». Il est en tout cas certain que Chrétien est bien renseigné sur la géographie de l'empire Plantagenêt dont les habitants lui valent respect et admiration : « Vers ces gens mon cœur m'attire » écrit-il dans *Erec et Enide* (v. 6036), après avoir listé les peuples gouvernés par Henri II. Et « il est presque certain qu'il a visité l'Angleterre et la Normandie, principauté de prédilection du roi » (p. 185).

Suit une analyse des cinq romans du champenois examinés du point de vue de la chronologie des œuvres, des thématiques développées, et mise en relation avec la sociabilité de la cour de l'époque, les idéaux et valeurs du groupe chevaleresque envisagé dans sa double acception d'élite militaire et d'idéal spirituel. Il montre à quel point Chrétien a marqué, de façon quasi irréversible, la littérature arthurienne, soumettant le merveilleux breton à un traitement réaliste, humanisant les fées… christianisant en profondeur cette matière et faisant du thème du Graal un des plus populaires de l'Occident (p. 365) et ce sur fond de Croisades, entreprise de chevalerie spirituelle et guerrière qui marque profondément les esprits et à laquelle participe aussi la littérature de Chrétien. (J'avais émis, en 1987[272] l'hypothèse de cette prise en compte à partir de la seconde croisade et de la présence d'Aliénor à Antioche aux côtés de Louis VII et du patriarche Raoul de Domfront).

Dans la dernière partie de l'ouvrage, Martin Aurell étudie les compositions dues aux continuateurs de Chrétien entre 1190 et 1290.

Là encore, de façon arbitraire, prenons quelques exemples cueillis dans une revue véritablement de détail :

Le ***Perlesvaus*** ou *Haut Livre du Graal,* est, lui aussi, marqué par l'esprit de croisade de façon déterminante pour notre auteur : militantisme missionnaire et valeurs évangéliques en font le soubassement.

Le ***Parzival*** de Wolfram von Eschenbach, le graal germanique, obéit à cette logique de l'appel de l'Orient mentionnant les protagonistes issus de la maison d'Anjou (installée sur le trône de Jérusalem depuis 1095 par Foulques V) et les Templiers.

Les romans de Robert de Boron (***l'Estoire del saint Graal, Joseph, Merlin, Perceval***) sont situés en leur origine par l'auteur près de Montbéliard, là MA écarte résolument la piste anglo-normande. Ils sont voués également à l'acquisition des valeurs chrétiennes par la transmission du saint Graal dans la lignée de Bron, le roi pêcheur. Martin Aurell discute et réfute avec Alexandre Micha, un peu plus loin, les interprétations ésotériques de l'œuvre de Robert de Boron, chez qui certains auteurs ont vu des thèmes empruntés à la Gnose. C'est, pour eux, à une communauté hermétique que le Christ aurait réservé certains savoirs. Tout en reconnaissant la cohérence de ces critiques, je me suis souvent demandé s'il n'y avait pas, du fait de l'*alogique du mythe* (G. Durand) place pour ces deux types d'interprétations à des niveaux diffé-

---

[272]Bertin Georges, de l'Occident des lanciers à l'Orient des lumières in *Les Romans de la Table Ronde, la Normandie et au-delà...* collectif dirigé par Michel Pastoureau, Condé, Corlet, 19787.

rents, soit une lecture logique et en arrière plan une lecture ésotérique comme potentialité ? MA cite également à ce sujet les thèses de l'historiographie allemande soutenant le joachimisme de Robert de Boron annonçant le royaume de l'Esprit dans les trilogies qu'il campe. Je préfère pour ma part y lire un triple étagement du sens ainsi donné à lire.

La Vulgate du ***Lancelot en prose ou Lancelot Graal,*** est un roman fleuve de 2500 pages, distribué en 5 romans, composés entre 1225 et 1235, qui dégagent entre eux une véritable impression de cohérence :

L'histoire du saint Graal dont les intentions ecclésiologiques sont pour MA évidentes,

L'histoire de Merlin, qui voit les aventures arthuriennes se déplacer en Gaule,

Le Lancelot (propre) le plus central et le plus long des romans, œuvre vaste composée d'assemblages et d'interpolations est présentée par l'auteur comme issue du centre Ouest, du Berry, (ici, les travaux de notre équipe sur l'enracinement de la légende arthurienne aux Marches de l'Ouest, en marche de Gaule et de Petite Bretagne divergent quelque peu sur cette question des origines, et nous avons mis en évidence le rôle des abbayes normandes, notamment Savigny, Lonlay l'Abbaye, Mortain, le Mont St Michel dans cette genèse des personnages arthuriens comme l'influence de modèles hagiographiques). MA indique qu'y sont développés les thèmes de la noblesse et de ses valeurs avec la mise en évidence d'une chevalerie cultivée, le roman reprenant des thèmes chrétiens déjà présents chez Chrétien de Troyes.

La Quête du saint Graal efface, pour l'auteur, toute trace de sympathie avec la *fin'amor* et relève davantage de l'ascétique, voire de la mystique que du roman d'aventures. Pour lui l'influence spirituelle des cisterciens et de saint Bernard est évidente, qui trace une frontière juste entre les choses du monde, faisant le jeu du diable, et les clercs chrétiens, justes et chastes. L'éloignement de Dieu des personnages (dont l'adultère de Lancelot et Guenièvre) préparant la chute du monde arthurien.

La Mort d'Arthur clôt le cycle. Son auteur est inconnu, mais le texte fait référence à Guillaume le Maréchal dont MA rappelle qu'il était seigneur de Leinster (il l'était aussi d'Orbec au pays d'Auge, près de Lisieux, en Normandie !). L'œuvre présente, souligne MA, une grande cohérence narrative et s'achève, après les événements que l'on sait, sur la conversion de Lancelot et de ses proches, renforçant la dominante chrétienne de l'œuvre tout en sacrifiant au merveilleux féerique.

Le Lancelot en prose traduit, pour MA, l'intention didactique des auteurs : transmettre un enseignement religieux, pousser le public à la conversion. Il situe, du fait des dédicataires, leurs commanditaires du côté des Flandres, de Bourgogne, d'Ile de France et de Picardie indiquant qu'ils sont également liés à la Terre sainte. Au cœur de l'intention romanesque, le Graal, la lance de Longin, objets de toutes les passions, concrétisent l'appel de l'Orient et de la croisade et la théologie médiévale est bien là en arrière plan qui renouvelle le sacrifice du Christ dans l'Eucharistie.

L'ouvrage de Martin Aurell s'achève sur un chapitre entièrement consacré à la « conversion par le roman », indiquant — et c'est une clef de lecture première — qu'au cours de la première moitié du 13ᵉ siècle la religion chrétienne imprime plus que jamais sa marque sur la littérature arthurienne. Pour lui, ces romans reflètent une nouvelle pastorale initiée par le pape Innocent III et le Concile de Latran IV (p. 447). À ce service sont convoqués saint Vase, sainte Lance, reliques et eucharistie… la figure du Graal étant sollicitée pour servir aux querelles opposant saint Bernard et ses partisans à ceux qui contestent la présence réelle dans l'Eucharistie.

Sont examinées dans cet esprit les légendes fondatrices de l'Abbaye du Précieux sang de Fécamp et celles de Glastonbury, dont il montre la récupération tardive, notant que le thème de la translation du Graal ne fait plus d'émules depuis les années 1230.

Les romans du Graal, au service de la christianisation, sont aussi ceux d'une réflexion sur la violence et sa légitimité au moment où se créent les ordres chevaleresques en Terre Sainte et en Espagne, ils le sont encore sur la question de l'amour humain, du mariage de l'adultère, de Satan, de la Mort et Martin Aurell insiste sur le fait qu'il nous est difficile de juger les idées de l'époque à l'aune de notre modernité individualiste. En anthropologie nous nommerions cela ethnocentrisme et les sociétés médiévales ne doivent pas plus que les sociétés extra européennes être jugées sur des critères exogènes même si par ailleurs il n'est pas illégitime de les interroger avec nos propres grilles de lecture, sauf à considérer que les hommes du Moyen-Âge étaient d'une nature différente de la nôtre. Chercher la diversité qui procède de l'unité et l'unité que l'on peut discerner sous la diversité des conduites, c'est une leçon à laquelle Claude Lévi-Strauss nous invitait, voici cinquante ans, dans l'introduction de son *Anthropologie structurale*. Grand écart qui tend à coudre ensemble les liens de la Modernité et de la Tradition, problème que le mythe étudié ici dans toute son ampleur nous aide sinon à résoudre du moins à mieux comprendre… C'est aussi ce que Varela, Lerbet et d'autres ont nommé l'intelligence paradoxale…

Ce remarquable et gigantesque travail, dont j'ai tenté de rendre compte bien incomplètement pour les lecteurs d'*Herméneutiques Sociales*, est désormais indispensable à tout amateur de romans arthuriens, mieux de la civilisation médiévale dans son ensemble. Il révèle de fait les causes du succès d'œuvres qui n'ont pas fini de nous faire rêver et sont, comme l'avait vu au 19ᵉ siècle, le normand Guillaume Assolant, à la racine même de tout le génie littéraire occidental. Car le souligne encore Martin Aurell, si les fictions arthuriennes agissaient sur la conscience de leurs contemporains « elles cachaient, sous les apparences, de multiples enjeux » (p. 528).

« La pensée universitaire, écrivait, voici quarante ans, Gilbert Durand, s'éveille aux muses et aux mythes [273] », c'est toute l'intelligence du livre de Martin Aurell que de ne jamais céder, dans l'étude d'une matière aussi prolixe, à la tentation de l'exclusion épistémologique. Certes, il fait d'abord son « métier d'historien » avec talent et conviction, mais l'analyse historique n'est jamais chez lui historiciste ; mieux, elle utilise avec bonheur les autres disciplines de sciences sociales appelées en renfort, même si, parfois, il n'en partage pas les analyses.

Sa fréquentation assidue de l'époque médiévale, dont rend compte une œuvre déjà si importante, lui a en effet appris, et il sait nous le faire partager, que l'histoire

---

[273] Durand Gilbert, *Science de l'Homme et Tradition,* Paris, Berg, 1979, p. 61 ;

de ces temps ne saurait se réduire à une science purement profane, position dont il assume courageusement l'inconfort, bordé par une érudition sans défaut, et c'est ce qui nous vaut de magnifiques pages sur la chevalerie spirituelle.

C'est d'ailleurs « la force du mythe que d'intégrer séquences dramatiques et symboles, système ultime, asymptotique d'intégration des antagonismes, ultime discours [274] ».

À cette entreprise, parvenu au terme d'une lecture qu'il nous faudra reprendre, bien loin d'en avoir épuisé la substantifique moelle, nous avons assisté avec admiration, y retrouvant au-delà des lettres, « celle d'un merveilleux sourire médiéval, énigmatique et séduisant » (JC Payen).

G.B., Angers, en la fête de saint Bertrand, le 6 septembre 09.

Deceneux Marc,
Mont Saint Michel, histoire d'un mythe,
Rennes, éd. Ouest-France, 1997.

Depuis la préhistoire, les hommes regardent le Mont Saint Michel avec des yeux fascinés. Haut lieu de notre imaginaire culturel régional, aux marches de l'Ouest, entre Bretagne et Normandie, entre mer et sables, l'imagination populaire comme l'exégèse la plus savante l'ont peuplé de présences qui ne sont pas de notre monde.

Traitant de ses origines mythiques comme du subtil rapport que les hommes ont toujours entretenu au Mont Tombe, l'auteur, servi par une érudition historique et archéologique jamais pesante, en définit les lignes directrices avec force illustrations, puisées dans une fréquentation intime et prolongée de ce site exceptionnel comme de son environnement. Il nous entraîne ainsi à découvrir les éléments qui font de cet îlot de granulité raboté à l'ère secondaire, un lieu sacré entre tous :

– la Montagne Sacrée et la dialectique Terre/Ciel qui en font une totalité tournée vers l'unité,
– la Cité de Dieu, sorte de nouvelle Jérusalem où se superposent les trois ordres sociaux des indo-européens,
– le Centre du Monde, la forme tant naturelle qu'architecturale du Mont s'imposant face au chaos maritime qui l'entoure,
– l'île des Morts, port d'embarquement des âmes en partance.

Pour lui, le trajet dans les sables avait valeur d'expérience mystique vers des horizons occidentaux investis des fins dernières.

La figure européenne de l'Archange lumineux y est trraitée à la fois dans une perspective comparative avec les autres lieux qui lui sont consacrés dans l'espace européen et dans ses manifestations célestes et terrestres.

---

[274] Durand Gilbert, *Figures mythiques et visages de l'œuvre,* Paris, Berg, 1979, p. 29.

Il s'agit bien ici de la mise en évidence d'une véritable Somme Théologique inscrite là dans la mémoire des hommes et dont témoigne le projet architectural de moines utilisant à la fois les ressources du mythe et les savoirs divins.

Soigneusement traité et illustré de 66 photographies couleurs, l'ouvrage de Marc Deceneux est déjà un ouvrage de référence pour tous ceux qui, dépassant le phénomène, sont soucieux de percevoir, par-delà les apparences, ce qui donne aux « miquelots » que nous sommes tous un jour ou l'autre des raisons de continuer à fréquenter assidûment la Merveille de l'Occident.

Bonardel Françoise
L'irrationnel, (PUF QSJ N° 3058), 1996.

Françoise Bonardel, professeur à l'Université de Paris 1, nous livre ici, un essai magistral qui voue définitivement aux gémonies de la pensée tous ceux pour qui l'irrationnel est une « *notion erratique où semblent converger les extravagances de l'errance et les divagations de l'erreur* ».

À partir d'une réflexion épistémologique rigoureuse, l'auteur nous invite à revisiter ce concept certes sans cesse menacé, mais dont la fécondité n'échappe plus à personne. Parce qu'il pulvérise la notion de réalité, il remet en effet en cause les principes logiques classiques dans une posture scientifique devenue contradictorielle.

Magnin Thierry,
Entre science et religion, quête de sens dans le monde présent.
Monaco, éditions du Rocher, 1998, 266p.

Prêtre et docteur és Sciences et en Théologie, Thierry Magnin nous présente ici une synthèse tout à fait convaincante et documentée des problèmes épistémologiques posés par le « Nouvel Esprit Scientifique » dont il démontre magistralement à quel point il échappe aujourd'hui, au niveau de la recherche la plus fondamentale, aux dogmes cartésiens et réductionnistes.

Abordant avec clarté les concepts d'incomplétude et de complémentarité, il en vient à poser avec acuité les conditions d'une recherche non seulement pluridisciplinaire, mais transdiciplinaire mue par une logique de l'antagonisme.

Ceci l'amène tout naturellement à traiter la question du mystère et à faire un sort à la notion de neutralité scientifique, hélas encore actuelle dans bien des amphis.

Un livre à la fois rigoureux et tonique. À lire absolument.

Besnier Jean-Michel,
Demain les posthumains. Le futur a-t-il encore besoin de nous ?
Paris, Fayard, collection haute tension, 2010, 208 p.

Le professeur Jean-Michel Besnier nous livre ici un ouvrage littéralement « fantastique » tant par le sujet traité que par les implications qu'il dévoile sur notre être ensemble, et ce d'autant plus qu'il s'agit d'abord d'un essai de philosophie résolument à l'encontre des catégories reçues et des allant de soi. Il les bouleverse de fait vigoureusement, joyeusement, renouant avec la tradition du Gai Sçavoir des philosophes de cette autre époque confrontée à d'importants bouleversements des catégories acquises, voici maintenant six siècles, quand naissaient nos modernes utopies.

Évolutions technologiques et biotechniques, nanorobots bientôt en interaction avec des corps transformés en cyborgs, questionnent l'idéal des Modernes de la domination de l'Homme sur la Nature. Ils le font sous un angle totalement inédit quand nous vivons la convergence de l'organe, « de ce qui est né » et de la machine, c'est à dire de « ce qui est fabriqué ».

De fait les posthumains issus de ces nouveaux croisements comme les utopies posthumaines déjà validées par nombre de programmes de recherche interrogent notre échelle des valeurs en phase avec les situations inédites désormais créées. Quand des scenarii se développent annonçant le « Successeur » de l'homme, faut-il camper sur des positions morales qui garantissaient la stabilité du Monde d'hier ou leur faire face en mobilisant les ressources de l'Imaginaire ? nous demande l'auteur énonçant que c'est désormais l'ambition des utopies posthumaines.

Et l'ouvrage d'interroger cette position en évoquant successivement :

la rencontre avec le non humain : la rencontre avec le non humain pose la nécessité d'une Éthique non plus fondée sur la position toute puissante du Sujet, mais sur la nécessité d'une prise en compte de la complexité du monde dans une perspective étho-écologique. Soit une ambition réconciliatrice dont dépend la moralisation de la technique, car « il n'est plus temps de vouloir supprimer les machines ni peut-être de s'effrayer de leur devenir » (p.42).

l'ère du cyborg : face au cyborg, association d'organisme vivant et de cybernétique, qui a pour ambition de sauvegarder l'équilibre entre l'humain et l'environnement technologisé, « le transhumanisme n'annonce pas autre chose que l'atteinte prochaine, par la grâce des technologies, d'une vitesse de libération d'où émergera ce qui ne s'est jamais vu ni conçu » (p.77). Et JM Besnier d'insister : si les utopies posthumaines nous fascinent, c'est parce qu'elles « dispensent l'homme de tout objectif de réalisation de soi, pour ne lui proposer qu'un remodelage rédempteur » (p.77), bouleversant les relations du corps et de l'esprit.

la nature de l'homme augmenté : l'indéfinition des frontières entre l'homme et l'animal est rendu flagrant par les développements de la biotechnique, elle pose la question de la transgression dans la volonté observée de dépasser les conditions naturelles que permettent les sciences et les techniques. Et pourtant rien de nouveau au fond, puisque la connaissance et la technique procèdent d'un geste de transgression (p.99) et que la Culture, elle-même, est d'essence transgressive (p. 101). Contre les Modernes qui séparent et tranchent dans des ordres différents, l'auteur assume, avec Bruno Latour, le fait que nous n'avons jamais été vraiment *modernes* puisque l'homme a toujours bricolé, s'entourant d'objets hybrides, « mélanges inclassables de chose naturelle et de symbole social » (p.105). Et si l'un ne peut plus concevoir l'extériorité de l'homme et de la Nature, cela ne peut que profiter aux deux protagonistes augmentant leurs chances dans une « *écologie politique* » exprimant un « idéal d'institutionnalisation de la nature fondé sur une éthique de la délibération publique » (p.118).

un accablant désir de machines : à quelles conditions le robot androïde se trouvera-t-il engagé dans une relation morale et non instrumentale avec l'homme ? se demande l'auteur, et nous sommes bien au point de notre civilisation où cette question ne peut qu'être posée. Révélatrice de simplification des relations humaines ? factrice de perplexité ? « La sophistication des robots interroge peut-être la difficulté dans laquelle nous sommes de plus en plus de définir l'humanité » (p. 126). Et « si l'automate peut imiter l'humain, c'est que celui-ci auparavant s'est laissé décrire comme un automate » (p.127). Passant en revue les positions de l'homme sur lui-même, dont il décrit le parcours dépréciatif sur fond d'intolérance à soi-même, l'auteur en arrive à définir le cyborg comme un idéal du moi quand l'avenir du génie biotechnique appliqué à l'hybridation de la machine et de l'humain se trouve assuré.

Se pose alors avec acuité plusieurs réponses possibles émises par l'auteur aux questions émanant de l'enquête phénoménologique qu'il a menée sur nos nouvelles modalités d'être ensemble : machines et humains.

Le posthumanisme, une ascèse : la première réponse est d'ordre personnelle quand JM Besnier définit le posthumanisme comme une ascèse, confrontés que nous serons à deux scenarii.

L'un, pessimiste, nous voit dépassés par le pouvoir des robots, incapables d'y résister dans un cyberspace hallucinant.

L'autre, optimiste, voit l'humanité triompher de ses difficultés en apprivoisant les machines comme elle a su le faire des espèces animales et répondant aux défis notamment écologiques de la société de l'information en trouvant un nouvel équilibre pour aménager nos villes, lutter contre l'illettrisme, etc.

Les utopies posthumaines proposent de rompre avec l'Ancien Monde et font prévaloir la cause de l'Imaginaire, orchestrent systématiquement la subversion, mobilisant les forces de la science et de la technologie, «l'obsession de s'arracher à la nature se transmuant en une aspiration à transgresser la nature humaine. (p. 49) inaugurant une stratégie de rupture avec l'Humanisme conventionnel. Il y faut de solides, mais nouveaux repères, une conception rénovée de l'homme comme être plastique, mobilisant toutes ses virtualités, dans un au delà de la culture humaniste rejoignant à bien des égards les cultures orientales.

Défaite des identités et culte de l'émergence : notre époque remet en cause les frontières qui jusqu'à présent garantissaient l'identité de l'homme, sa définition. Des organismes de types nouveaux apparaissent sous l'effet des « Converging Technologies » : nanotechnologies, biotechnologies, technologies de l'informatique, sciences cognitives, les célèbres NBIC. Le résultat nous en est perceptible et JM Besnier affirmatif : « les cyborgs sont déjà parmi nous », le déterminisme génétique devient une légende, l'heure est au métissage ou à l'hybridation des ordres du vivant. (p. 157).

Il en résulte une certaine défaite de la conscience cartésienne et JM Besnier rejoint ici un Paul Ricoeur admettant que le « Soi » dont nous nous prévalons admet une part de contingence. Ruinant la subjectivité, les technologies cognitives viennent ainsi bousculer ce à quoi nous subordonnions les privilèges de l'Homme. (p. 162).

Y concourent les technologies de l'informatique et de la communication, dématérialisantes et qui consacrent le triomphe des flux sur les objets (cf. le bouleversement engendré par Internet).

La résultante débouche sur une forme de sagesse : dilution de soi et fin de l'opposition de Soi et de Non Soi sont désormais en partage avec les spiritualités orientales, mais aussi avec ceux que JM Besnier nomme les « écologistes profonds » substituant à l'anthropocentrisme un écocentrisme en phase avec l'idéologie de l'*infosphère* et misant sur la dissipation des frontières pour faire passer un message à teneur religieuse en brisant la créature arrogante que nous sommes. (p. 166).

L'ensemble contribue à rehausser les capacités de l'homme, l'amène à se surpasser, peut-être au prix de l'abandon du sentiment de sécurité dans lequel nous nous entretenions, de celui de notre libre arbitre désormais bien illusoire, quand l'intimité étalée sur les blogs est désormais dépourvue de densité et de résistance.

L'homme n'est donc plus ce qu'il croyait ou croit être, et le posthumanisme donne la dimension à la fois de ce que l'on s'apprête à abandonner et de ce qui se lève à l'horizon, faisant surgir de nouvelles propriétés originales, libérant l'impossible…

Face au confort intellectuel où nous nous entretenions et que véhiculaient les philosophies du soupçon, à notre fatigue de vivre, alors que nous étions d'un autre côté contraints d'oublier que science sans conscience n'est que ruine de l'âme quand nous nous reformions sur nos catégories préétablies, le travail de Jean-Michel Besnier parce qu'il sait nous conduire dans son ouvrage sur les chemins de l'émergence d'une conscience autre. Il l'applique aux interactions entre l'homme et les technologies, et cette entreprise est de fait salvatrice, car transgressive quand il inverse résolument l'aphorisme rabelaisien en revisitant l'interaction positive Conscience/Sciences et en nous montrant comment et combien elle est créatrice d'utopies.

CENA.

Le « CERCLE D'ETUDES NOUVELLES d'ANTHROPOLOGIE – Les amis arthuriens de René Bansard (C.E.N.A.) », société savante fondée en 1973, a pour objet la quête du Graal telle qu'elle peut se poursuivre aujourd'hui sous toutes ses formes, et notamment :

– les études et recherches relatives à la légende arthurienne et à ses réceptions

– les recherches hagiographiques, historiqueonomastiques, archéologiques, littéraires,

– la poursuite de la quête et de l'œuvre du regretté René Bansard,

– les recherches herméneutiques et symboliques,

– la défense des droits de l'Homme et du citoyen par la compréhension interculturelle.

L'association peut mener, seule ou en faisant appel à autrui, toutes études, travaux et recherches d'anthropologie sociale, éducative, culturelle et symbolique, et notamment les études et recherches sur l'imaginaire médiéval et la quête arthurienne dans la région Normandie Maine et le Grand Ouest. (cf. article 1er des statuts).

L'association est membre du Centre de Recherches sur l'Imaginaire et collabore, par l'implication de ses membres, avec la « Société Internationale Arthurienne », « Modernités Médiévales » ainsi qu'avec la Ville de Lassay les Châteaux et toute collectivité intéressés par ses thématiques.

Siège social : Hôtel de Ville. 53110 – Lassay les Châteaux.

Informations, courriel: au président Daniel Bordeaux – celtent53@gmail.com

POURQUOI ADHÉRER A L'ODS

En plus de rassembler toute une « faune de l'espace » passionnée de littératures de l'imaginaire, science-fiction, fantastique, fantasy, etc... et tant de chercheurs érudits des univers de l'étrange, l'ODS est une association active qui organise ou coordonne de nombreux événements dans les domaines qui nous intéressent.

C'est un fait que l'activité de publication de fanzines qui était son expression principale à ses débuts a dû être transférée vers notre maison d'édition, EODS, faute de lecteurs assidus dans un secteur qui s'est peu à peu reporté vers le web. Certaines revues ont disparu, d'autres sont nées à cette occasion. Force est de nous adapter au potentiel du lectorat d'aujourd'hui, et nous voilà au XXIᵉ siècle !

Toutefois, tout en nous adaptant, nous tenons, à l'ODS, à préserver cette convivialité qui fut toujours la première motivation de notre existence associative. C'est pourquoi nous poursuivons avant tout l'organisation de rencontres, conférences, congrès, dîners thématiques et autres missions scientifiques autour des thèmes qui nous sont chers. Participer à ces nombreuses activités, les organiser ou permettre à certains invités de venir y présenter leurs travaux, voilà aujourd'hui la vocation de l'ODS. Ainsi, tout au long de l'année, vous êtes conviés à nous rejoindre lors de dîners informels, comme celui du Nouvel Eon en janvier, et toutes sortes de rencontres à thèmes intitulées « on the spot », selon le calendrier de la venue d'auteurs en région parisienne, ainsi qu'à des colloques de haute teneur dont ceux organisés à Rennes-le-Château (ARTBS) ou à Paris comme le Congrès Fortéen, les journées Heuvelmans ou Jacques Bergier, etc, mais aussi à nous rendre visite sur les stands des nombreuses conventions auxquels nous participons.

L'organisation de ces événements et la participation de l'association à ceux organisés par d'autres sont aujourd'hui devenus notre activité principale, car c'est ce qui fait vivre notre univers littéraire et préserve ce caractère unique qui nous plaît. Si certains supports de lecture disparaissent petit à petit au profit de medias plus modernes — du fanzine au webzine, des listes de discussions aux réseaux sociaux, etc. — il reste que nous sommes tous attachés aux livres originaux au format papier, non seulement à l'objet que l'on peut aujourd'hui commander en trois clics, mais surtout à ce qui va autour, c'est-à-dire les rencontres, les discussions, le partage et les possibles collaborations qui s'improvisent au gré des initiatives de nos membres les plus passionnés et, bien entendu, au plaisir de lire !

La participation de chacun à cette fourmillante activité littéraire et autour de la littérature se coordonne le plus simplement possible par le moyen de notre association, et c'est la raison d'être de l'ODS. En y adhérant, et surtout en participant par votre présence et votre concours à ces rencontres, ainsi qu'à la naissance et la réalisation de nouveaux projets, vous nous aidez à prolonger la vie de notre multivers littéraire. Bienvenue à tous et merci pour votre présence !

Emmanuel Thibault, membre du Conseil de AODS.

LES ÉDITIONS DE L'ŒIL DU SPHINX

SARL au capital de 15.245 €

R.C.S. Paris B 432 025 864 (2000 B11249)

36-42 rue de la Villette
75019 PARIS
Mail ods@oeildusphinx.com
http://www.œildusphinx.com
http://boutique.œildusphinx.com

Tél 09.75.32.33.55

Fax 01.42.01.05.38

Toutes nos parutions sont sur :
http://boutique.oeildusphinx.com